Les collectivités territoriales et le principe d'égalité

Collection *Droit des collectivités territoriales*

Fondée et dirigée par
Bernard POUJADE et Xavier CABANNES

Professeurs à l'Université Paris Descartes

Série
Travaux de l'Association française
de droit des collectivités locales

Dernières parutions

Mathilde MONTAUBIN, *Le référendum d'indépendance de l'Ecosse*, 2016

Jean-François BRISSON (dir), *L'Assemblée délibérante, avenir de la démocratie ?*, 2015

Mélissa GOASDOUE, *Les collectivités territoriales et la spéculation*, 2015.

Sous la direction de
Julie Benetti

Les collectivités territoriales et le principe d'égalité

L'Harmattan

5-7, rue de l'Ecole-Polytechnique, 75005 Paris

www.harmattan.com
diffusion.harmattan@wanadoo.fr

ISBN : 978-2-343-09689-6
EAN : 9782343096896

SOMMAIRE

QUELLE ÉGALITÉ FACE À LA TERRITORIALISATION DU DROIT ?

PRÉFACE

Jean-Claude Némery
Professeur, Directeur du Centre de Recherche sur la Décentralisation Territoriale (CRDT / GIS - GRALE - CNRS) à l'Université Reims Champagne-Ardenne

C'est devant une large assemblée d'une centaine de chercheurs que s'est déroulée, le 19 novembre 2015, l'importante journée d'études consacrée au sujet suivant : « Les collectivités territoriales et le principe d'égalité ».

Organisée par l'Association française de droit des collectivités locales (AFDCL), présidée par le Professeur Michel Verpeaux, avec l'appui du Centre de Recherche sur la Décentralisation Territoriale (CRDT) de l'Université de Reims Champagne-Ardenne, cette journée a été très riche sur le plan des communications scientifiques.

Dans son propos introductif, le Professeur Verpeaux a posé d'emblée l'originalité de cette journée d'études dont le thème n'a jamais été traité en tant que tel à notre connaissance. Elle se résume ainsi : « Le principe d'égalité entre les collectivités territoriales repose sur l'idée, a priori curieuse, selon laquelle les collectivités sont égales entre elles ».

De cette idée, apparemment évidente, se pose alors la question qui sera le fil conducteur de cette journée scientifique : « pourquoi les collectivités territoriales devraient être égales ? Et comment peuvent-elles l'être alors même que le principe d'égalité a attendu 2003 pour être consacré expressément ? »

Dans le contexte d'une réforme territoriale profonde par la mise en œuvre de la loi du 27 janvier 2014 de modernisation de l'action publique territoriale et d'affirmation des métropoles (MAPTAM) et de celle du 7 août 2015 portant nouvelle organisation territoriale de la République (loi NOTRe), le choix d'aborder la question du principe d'égalité entre collectivités territoriales dépasse très largement les nombreux débats et commentaires suscités par la portée des nouvelles dispositions législatives sur notre organisation territoriale.

C'est en cela que la publication et la lecture des riches contributions produites par les intervenants lors de cette journée d'études contribuent à un profond enrichissement scientifique sur les analyses classiques qui ont été publiées dans ce domaine.

Nous devons souligner la complémentarité mais aussi la diversité des différentes contributions publiées dans le présent ouvrage. Celles-ci couvrent à la fois d'importantes questions théoriques : la péréquation financière, l'interdiction de la tutelle, le pouvoir d'expérimentation, le pouvoir réglementaire des collectivités territoriales ; mais aussi des champs territoriaux peu connus : le Sénat et les habits neufs de la « démocratie rurale », la question du droit ultra-marin…

La richesse des débats, animés par le Professeur Julie Benetti et le Professeur Laetitia Janicot, a donné un relief tout à fait particulier au contenu de ces différentes contributions.

Le Professeur Jacques Caillosse, chargé des propos « conclusifs » autour du thème : « La décentralisation : la liberté au détriment de l'égalité ? », s'est largement affranchi des propos préalables, mettant en exergue Condorcet et Pierre Legendre. Ayant suivi dans le passé les séminaires de Pierre Legendre, cette référence a comblé votre serviteur. En fait, plus qu'une conclusion, la contribution du Professeur Caillosse est un véritable enrichissement, un regard particulier et novateur sur le thème de cet ouvrage.

Pour notre propre compte, les contributions de cet ouvrage constituent une véritable plus-value scientifique. Il faut en féliciter les auteurs et les organisateurs de cette journée à savoir le Professeur Michel Verpeaux, Président de l'Association française de droit des collectivités locales (AFDCL) et tous les collègues qui l'entourent dans cette mission.

Professeur Jean-Claude NÉMERY,
Directeur du Centre de Recherche sur la Décentralisation Territoriale (CRDT) à l'Université Reims Champagne-Ardenne
Président du Conseil scientifique du GIS - GRALE - CNRS

RAPPORT INTRODUCTIF

Les collectivités territoriales et le principe d'égalité

Michel Verpeaux
Professeur à l'Université Panthéon-Sorbonne (Paris-1), président de l'Association française de droit des collectivités locales

Le propre d'un rapport introductif est d'introduire. Dans ce but, cette contribution se limitera à quelques généralités, en priant par avance les auteurs de bien vouloir m'excuser si je devais empiéter sur les autres communications.

Le principe d'égalité entre les collectivités territoriales repose sur l'idée, *a priori* curieuse, selon laquelle les collectivités sont égales entre elles. Une telle affirmation heurte l'évidence, tant l'inégalité est présente, tant du point de vue des territoires que du point de vue des populations. Faut-il considérer comme égales des collectivités qui relèvent de catégories différentes et traiter ensemble les 19916 communes comptant moins de 500 habitants et la région Ile de France qui en compte 11 852 851. Et pourtant, l'une et l'autre connaissent de nombreuses règles identiques et sont soumises aux mêmes principes constitutionnels. Il suffit, pour s'en convaincre, de comparer les dispositions relatives au contrôle des actes dont la répétition pour les trois niveaux de collectivités de droit commun ne manque pas d'interroger (art. L. 2131-1 et s., art. L. 3131-1 et s. et art. L. 4141-1 et s.).

La recherche de l'égalité existe aussi, de manière encore plus présente, entre collectivités de même niveau, par exemple entre communes. C'est ainsi que la deuxième partie du Code général de collectivités territoriales (ci-après CGCT) est intitulé « La commune » et elle traite, *a priori,* de manière indifférenciée de l'ensemble des communes sur tout le territoire français. La façon d'appréhender les collectivités territoriales en France a d'ailleurs semblé impliquer que la totalité du territoire français devait être couvert de communes, de départements et de régions, les anciens territoires d'outre-mer mis à part. Cette conception a subi des craquements à partir des années 1990, non sans difficultés constitutionnelles, pour les collectivités métropolitaines, comme l'ont montré la loi n° 91-428 du 13 mai 1991 portant statut particulier de la Corse et la décision n° 91-290 DC du 9 mai 1991 qui y est relative, ou pour les collectivités ultramarines qui ont cherché à échapper au carcan, ou moule uniformisateur souvent dénoncé, notamment dans les départements d'outre-mer puis les régions d'outre-mer.

L'égalité serait un mal français, très vite assimilé à l'égalitarisme, lui-même qualifié un peu rapidement de « républicain », alors qu'il est sans doute plus ancien. Cette recherche de l'égalité à tout prix, qui possède une connotation péjorative, signifie qu'elle prime sur toute autre considération, par exemple sur les nécessités d'une gestion efficace ou le souci d'une proximité des politiques publiques.

Si les Constitutions précédant celle de 1958 n'ont jamais expressément consacré un principe d'égalité entre les collectivités territoriales, elles ont toujours considéré celles-ci comme des ensembles homogènes, comme le montrent la Section II du Chapitre IV du Titre III de la Constitution des 3-14 septembre 1791, les articles 78 à 84 de la Constitution de l'an I ou le Titre VII de la Constitution du 5 fructidor an III (22 août 1795). Les deux premiers textes mettent d'ailleurs l'accent beaucoup plus sur les administrateurs locaux que sur les institutions ou les entités territoriales. La Constitution du Directoire considère davantage les administrations « dans chaque département » et « chaque canton » (art. 174 et suivants). Cette évolution est confirmée dans le texte du 2 frimaire an VIII (13 décembre 1799) dont l'article 1er proclame « Son territoire européen est distribué en départements et arrondissements communaux », et dans la Constitution du 4 novembre 1848 dont l'article 76 dispose que « La division du territoire en départements, arrondissements, cantons et communes est maintenue ». En 1946, date de naissance du droit moderne des collectivités territoriales, l'article 85 alinéa 2 précise que « La République française, une et divisible, reconnaît l'existence de collectivités territoriales. Ces collectivités sont les communes, les départements, les territoires d'outre-mer ». Il en est de même de l'article 72 de la Constitution de 1958, avant et après la révision constitutionnelle du 28 mars 2003.

Les lois consacrant les administrations locales ont procédé de la même manière, que ce soit la loi du 14 décembre 1789 relatif à la constitution des municipalités, celle du 22 décembre 1789 relative à la constitution des assemblées primaires et des assemblées administratives, ou la loi du 28 pluviôse an VIII (17 février 1800) concernant la division du territoire de la République et l'administration. Ces lois, comme celle du 10 août 1871 relative aux conseils généraux ou celle du 5 avril 1884 intéressant l'organisation municipale, ont toujours refusé de traiter différemment les communes ou les départements, notamment en ne leur confiant pas des compétences différenciées en fonction de leur taille, c'est-à-dire du nombre de leurs habitants. Curieusement, ce principe qui semble si ancien et si bien enraciné dans notre droit, n'a pas fait, pendant longtemps, l'objet de recherches et de travaux[1]. Ce constat souligne tout l'intérêt du sujet proposé à la réflexion par ce colloque.

Ce relatif silence illustre la difficulté de la question : pourquoi les collectivités territoriales devraient-elles être égales ? Et comment peuvent-elles l'être, alors même que le principe d'égalité en toutes lettres a attendu 2003 pour être consacré expressément ?

I. Pourquoi les collectivités territoriales devraient-elles être égales ?

L'évidence s'impose. Tout concourt à ce que les collectivités territoriales soient inégales. Leur nombre même induit une inégalité inéluctable à l'intérieur d'une même catégorie. Les causes sont nombreuses et variées. Les inégalités sont naturelles et elles sont consacrées par le droit. Elles sont aussi la conséquence de la liberté des collectivités territoriales.

---

[1] On signalera cependant la thèse d'Anne-Sophie Gorge, « Le principe d'égalité entre les collectivités territoriales » soutenue en 2007 à Aix-en Provence, Dalloz, Collection : Thèmes et commentaires, Bibliothèque parlementaire et constitutionnelle, 2011. Voir Ferdinand Melin-Soucramanien, Le principe d'égalité entre collectivités locales, Cahiers du Conseil constitutionnel, n° 12, 2002, Dalloz, p. 93. Voir aussi M. Verpeaux, Principe d'égalité et libre administration, dans « Les collectivités locales et le droit, les mutations actuelles » sous la direction de Jean-Bernard Auby et Bertrand Faure, Dalloz, coll Thèmes et commentaires, 2001.

A. Les inégalités naturelles

Elles sont les plus simples à observer. Elles vont des simples constats chiffrés à la consécration juridique de ces différences.

Les inégalités sont tout d'abord géographiques. Les communes les plus étendues sont, sur le territoire métropolitain, Arles (758,93 km^2) et les Saintes-Maries-de-la-Mer (374,45 km^2), toutes les deux dans les Bouches-du-Rhône. La plus petite commune est Castelmoron-d'Albret en Gironde avec 0,0376 km^2. Les moins peuplées, en dehors des six communes mortes pour la France qui ne comptent aucun habitant, sont Rochefourchat (Drôme) qui ne compte qu'un seul habitant, Majastres (Alpes de Haute-Provence), deux, Leménil-Mitry (Meurthe-et-Moselle), trois, Aulan (Drôme), quatre, et Ornes (Meuse) et Baren (Haute-Garonne), cinq habitants. La plus peuplée, évidemment Paris, comprend 2 249 975 habitants. On remarquera l'absence de corrélation entre la superficie et la population, ce qui constitue une cause supplémentaire d'inégalité. Des observations identiques peuvent être effectuées pour les départements et les régions, même si les inégalités sont moins flagrantes.

Les inégalités peuvent avoir aussi des raisons historiques comme le droit local en Alsace-Moselle. La reconnaissance de ce droit dans la jurisprudence du Conseil constitutionnel a donné une existence constitutionnelle à cette inégalité juridique et elle a donc consacré la place particulière de ces trois départements au sein de la République.

Ces inégalités entraînent des disparités économiques et sociales tout aussi évidentes. Les potentialités de développement économique ne sont pas les mêmes et ont des facteurs exogènes, liées, entre autres causes, à l'attractivité, aux moyens de communication, à l'histoire et à la géographie, mais aussi des facteurs endogènes tenant aux choix politiques, de gestion, ou la plus ou à la moins grande capacité des élus. Les collectivités territoriales sont nécessairement obligées d'assumer les facteurs extérieurs et elles sont responsables de leurs mauvais choix. Cela se traduit en termes de potentiel fiscal, de dotation globale de fonctionnement ou de dépenses contraintes, par exemple en matière d'aides sociales.

Le droit est amené à prendre en compte les différences fondées sur ces réalités. Sans remonter trop loin dans le temps, le droit distingue la métropole de l'outre-mer, au moins depuis le Sénatus-Consulte du 3 mai 1854 prévoyant que les colonies autres que la Martinique, la Guadeloupe et la Réunion étaient régies par décret. Cette distinction se retrouve dans la Constitution de 1946, qui séparait, de manière d'ailleurs peu explicite, les départements et territoires d'outre-mer[2] et les collectivités territoriales[3]. La structure actuelle du titre XII de la Constitution de 1958 montre une nette séparation, même si elle n'est pas formalisée, entre les dispositions applicables, en principe, à toutes les collectivités territoriales, et celles qui sont réservées à l'outre-mer, très exactement à partir de l'article 72-3 jusqu'à l'article 75 compris[4].

A l'intérieur du droit ultra-marin, il existe une distinction profonde entre les Départements et les Territoires d'outre-mer, depuis la loi du 19 mars 1946

[2] Dans la Section III du Titre VIII consacré à l'Union française, mais son article 73 affirmait que « Le régime législatif des départements d'outre-mer est le même que celui de départements métropolitains ».

[3] Dans un Titre X disposant que les collectivités territoriales de la République sont « les communes, les départements, les territoires d'outre-mer » (art. 85).

[4] Sur ce sujet, voir la communication, au présent colloque, de Marc Joyau.

désignée souvent le nom de loi d'assimilation[5], puis la Constitution du 27 octobre 1946 (art. 73 et 74), même si beaucoup de Français ont toujours englobé dans un même ensemble les DOM/TOM. Depuis 1958, les articles 73 et 74 de la Constitution de 1958 ont maintenu deux régimes constitutionnels bien distincts, que les articles 72-3 et 72-4 ont contribué à bien séparer, même si le second permet le passage de l'un vers l'autre, le mouvement pouvant se faire dans les deux sens. La suppression de la catégorie des T.O.M par la loi constitutionnelle n° 2003-276 du 28 mars 2003, mis à part le cas très particulier des Terres australes et antarctiques françaises[6], et leur remplacement par les collectivités d'outre-mer toujours régies par l'article 74 n'ont rien changé.

Les réalités géographiques ou humaines ont même entraîné la prise en compte, au sein des collectivités métropolitaines, de collectivités à statut particulier, notamment en créant la collectivité territoriale de Corse [7], et la métropole de Lyon[8].

L'article 72 alinéa 1er modifié en 2003 a facilité cette faculté de créer de telles collectivités, en inscrivant cette catégorie, pourtant nécessairement hétérogène, dans la

---

[5] Loi n°46-451 du 19 mars 1946 tendant au classement comme départements français des colonies de la Guadeloupe, de la Martinique, de La Réunion et de la Guyane francaise.

[6] Loi n° 55-1052 du 6 août 1955 conférant l'autonomie administrative et financière aux Terres australes et antarctiques françaises (JO du 9 août 1955 p. 7979), modifiée par la loi n° 2007-224 du 21 février 2007 portant dispositions statutaires et institutionnelles relatives à l'outre-mer (JO du 22 février 2007 p. 3220).

[7] Loi n° 91-428 du 13 mai 1991 portant statut de la collectivité territoriale de Corse (JO du 14 mai 1991 p. 6318).

[8] Loi n° 2014-58 du 27 janvier 2014 de modernisation de l'action publique territoriale et d'affirmation des métropoles (JO du 28 janvier 2014 p. 1562) codifiée sur ce sujet aux articles L. 3611-1 et suivants CGCT.

Constitution, « le cas échéant en lieu et place d'une ou de plusieurs collectivités mentionnées au présent alinéa ». L'article 72-1 alinéa 3 a d'ailleurs prévu la possibilité d'organiser des consultations en cas de création d'une collectivité à statut particulier : « Lorsqu'il est envisagé de créer une collectivité territoriale dotée d'un statut particulier ou de modifier son organisation, il peut être décidé par la loi de consulter les électeurs inscrits dans les collectivités intéressées ». La double nature, communale et départementale, de Paris a été prise en compte dès 1964 avec la loi n° 64-707 du 10 juillet 1964 portant réorganisation de la région parisienne puis en 1975 avec la loi n° 75-1331 du 31 décembre 1975 portant réforme du régime administratif de la ville de Paris.

Les inégalités sont partout, le droit les reconnaît, les consacre et les renforce. Elles sont aussi un élément de la décentralisation.

B. Les inégalités, conséquence de la liberté

La liberté dont il est question est, bien entendu, la libre administration des collectivités territoriales. Depuis l'article 87 de la Constitution de 1946 repris sur ce point par l'article 72, alinéas 2 puis 3 à partir de 2003, les « collectivités territoriales s'administrent librement ». Nécessairement, il en résulte que les collectivités se placent dans une situation inégale du fait même des choix opérés par les collectivités, en matière culturelle, sportive, ou, plus techniquement, dans le choix des modes de gestion des services publics. D'une équipe à une autre, les options politiques peuvent dessiner des villes qui sont très différentes d'un mandat à un autre. L'alternance, c'est aussi la liberté de vote des électeurs et donc, celle de choix différents de ceux de la commune voisine. Cette liberté est consacrée en matière financière par l'article 72-2, lui aussi inséré en 2003, qui traite de la libre maîtrise des dépenses, qui est aussi synonyme d'inégalités dans la gestion : « Les collectivités territoriales bénéficient de ressources dont elles peuvent disposer librement dans les conditions fixées par la loi ». En témoigne aussi, au même article 72-2, l'alinéa 3 faisant référence à la part déterminante des recettes fiscales et des autres ressources propres au sein des ressources des collectivités, qui a été complété et précisé par la loi organique n° du 29 juillet 2004 prise en application de l'article 72-2 de la Constitution relative à l'autonomie financière des collectivités territoriales[9]. Ces ressources sont, il est vrai, appréciées pour chaque catégorie de collectivités mais, au sein de chacune d'elles, les recettes fiscales et autres ne peuvent être que la conséquence des inégalités de richesses.

L'expérimentation elle-même, prévue à l'aliéna 4 de l'article 72, par les collectivités territoriales, c'est-à-dire la possibilité de déroger aux lois et aux règlements permise par ces mêmes textes, résulte de demandes formulées par les collectivités autorisées à déroger et conduit à de pratiques normatives qui peuvent être différentes. La faible pratique de l'expérimentation ne modifie pas cette analyse[10]

Ce qu'il est enfin convenu d'appeler « le chef de filât », prévu à l'alinéa 5 de l'article 72, laisse entendre qu'une collectivité, ou un groupement de collectivités, peut être amené « lorsque l'exercice d'une compétence nécessite le concours de plusieurs collectivités territoriales, à organiser les modalités de leur action commune ». Cette fonction

---

[9] Loi organique n° 2004-758 du 29 juillet 2004 prise en application de l'article 72-2 de la Constitution relative à l'autonomie financière des collectivités territoriales. Son article 2 trois catégories, les communes, les départements et assimilés et les régions et assimilées.

[10] Sur ce sujet, cf. la communciation au présent colloque de Madame Roselyne Allemand

pouvait conduire à une forme de prééminence, variable selon les compétences, conférée à l'une des collectivités. Néanmoins, le Conseil constitutionnel, tout en reconnaissant que « ces dispositions habilitent la loi à désigner une collectivité territoriale pour organiser et non pour déterminer les modalités de l'action commune de plusieurs collectivités », a mis un coup d'arrêt à cette lecture directive de la notion de chef de file en décidant que « l'article 18 de la loi déférée a non seulement autorisé la collectivité désignée à organiser l'action commune de plusieurs collectivités, mais lui a également conféré un pouvoir de décision pour déterminer cette action commune ; que, dès lors, il a méconnu le cinquième alinéa de l'article 72 de la Constitution » (déc. n°2008-567 DC du 24 juillet 2008, Loi relative aux contrats de partenariat, cons 33). Il n'est pas sans intérêt de constater que les requérants invoquaient le grief selon lequel le renvoi à une convention était « non seulement entaché d'incompétence négative mais aussi générateur d'inégalités entre collectivités territoriales » (cons. 31).

L'outre-mer connaît des possibilités élargies de dérogation, au nom d'une liberté qui a été progressivement renforcée à l'article 73 modifié en 2003. Les D.O.M. et les R.O.M., considérés dans ce cas sur un pied d'égalité, peuvent décider des adaptations « dans les matières où s'exercent leurs compétences et si elles y ont été habilitées selon le cas, par la loi ou par le règlement » (al. 2 de l'article 73). Ces collectivités peuvent aussi « être habilitées, selon le cas, par la loi ou par le règlement, à fixer elles-mêmes les règles applicables sur leur territoire, dans un nombre limité de matières pouvant relever du domaine de la loi ou du règlement » (al. 3). Les adaptations aux besoins locaux peuvent être, outre-mer, source d'une potentielle grande diversification des règles applicables.

A l'alinéa 5 de ce même article 73, le département et la région de La Réunion ont d'ailleurs poussé la liberté jusqu'à son terme en demandant au constituant (même si l'idée d'une telle demande a quelque chose de surréaliste !), de ne pas être autorisés à déroger : « La disposition prévue aux deux précédents alinéas n'est pas applicable au département et à la région de La Réunion ». Le paradoxe est alors grand car cette liberté est revendiquée par ces collectivités afin d'être davantage soumises au principe d'égalité et à leur identité avec la métropole. La liberté de ne pas être différent est une manière de revendiquer l'égalité qui est, dans ce cas, synonyme d'assimilation.

Si toutes les raisons militent pour ne pas admettre une égalité entre les collectivités territoriales, et si celles-ci n'ont, a priori, aucune raison d'être égales entre elles, il existe aussi des justifications susceptibles de leur appliquer un principe d'égalité, les modalités de ce principe pouvant être diverses.

II. Comment les collectivités territoriales peuvent-elles être égales ?

En France, a longtemps régné une « idée », à défaut d'être une véritable règle de droit, consistant à penser que les collectivités territoriales devaient connaître les mêmes règles de droit et que toute velléité de différenciation serait une atteinte à l'unité à l'Etat. Ce principe d'égalité poussé à son paroxysme conduit à affirmer l'uniformité sur l'ensemble du territoire français, en faisant abstraction de l'outre-mer qui a toujours bénéficié d'un régime spécial dérogatoire, à moins qu'il ne l'ait subi.

Il a fallu attendre longtemps pour que le principe d'égalité soit véritablement inscrit, sans que les moyens d'assurer son respect soient développés.

A. La reconnaissance de l'égalité

En droit français, l'égalité a surtout été celle des individus, comme le proclament les articles 1er et 6 de la Déclaration des droits de l'homme. L'application de ce principe aux personnes morales est une source d'interrogations. Elle l'est plus encore pour les personnes morales de droit public dont les droits subjectifs ne peuvent pas être de même nature que les droits des personnes de droit privé. Le principe d'égalité entre collectivités peut être, cependant, conçu aussi comme un principe de droit objectif « dans la mesure où il représente une condition d'exercice des autres droits fondamentaux »[11]. Selon cette logique, il est un vecteur du principe de libre administration des collectivités territoriales, permettant de surmonter l'apparente contradiction entre liberté et égalité. Il a été observé ci-dessus que cet article 72 pouvait être compris comme fondant l'inégalité entre les collectivités. Le même principe de libre administration des collectivités territoriales peut, alors, selon qu'on le lise d'une manière ou d'une autre, justifier aussi bien l'égalité que l'inégalité. Ces interprétations contraires sont le fruit de dispositions constitutionnelles tellement larges qu'elles peuvent signifier une chose ou son contraire.

Quoi qu'il en soit, la recherche de l'égalité était au cœur du découpage des départements en 1789 et le principe bien connu de la journée de cheval pour se rendre au chef-lieu de département n'appartient pas qu'au mythe des départements. Alors même que le projet de Thouret inspiré par Sieyès de découper des carrés égaux à partir de Paris a été rejetée par l'Assemblée constituante, le souci de l'égalité a dominé la loi précitée du 22 décembre 1789.

[11] Ferdinand Melin-Soucramanien, op. it., p. 93

L'égalité entre les collectivités territoriales a été surtout conçue de manière défensive, ou négative, face à l'Etat. Etait consacrée une conception selon laquelle s'opposaient, d'une part, les collectivités territoriales considérées de manière globale, et de l'autre, l'Etat qui exerçait sur elles une tutelle homogène, qui uniformise les collectivités territoriales, au nom et du fait du caractère unitaire de l'Etat. L'article 72 alinéa 3, déjà cité, s'il prévoit le principe de libre administration, précise aussi que cette liberté doit s'appliquer « dans les conditions prévues par la loi ». La loi étant la même pour tous dans la tradition unitaire française, ces conditions s'appliquent de la même manière sur le territoire français. L'illustration est particulièrement significative en ce qui concerne l'égale application des droits fondamentaux sur l'ensemble du territoire français, inaugurée dans la jurisprudence du Conseil constitutionnel[12] et réaffirmée à l'alinéa 4 de l'article 72, à propos de l'expérimentation, et à l'alinéa 4 de l'article 73, à propos des dérogations non autorisées aux départements et régions d'outre-mer, auquel renvoie l'alinéa 4 de l'article 74 pour les collectivités d'outre-mer.

Par ailleurs, le droit français raisonne en catégories, en créant ou en reconnaissant « les » communes, « les » départements ou « les » régions. Cette analyse répond à ce que des auteurs éminents ont appelé l'unité catégorielle des collectivités territoriales[13]. L'unité se traduit alors par la nécessité, pour les collectivités de même niveau, de posséder les mêmes caractéristiques, tant du point de vue

---

[12] Décision n° 84-185 DC du 18 janvier 1985, Loi modifiant et complétant la loi n° 83-663 du 22 juillet 1983 et portant dispositions diverses relatives aux rapports entre l'Etat et les collectivités territoriales, JO du 20 janvier 1985, p. 821

[13] Jacques Bourdon, Jean-Marie Pontier, Jean-Claude Ricci, Droit des collectiivtés territoriales, coll Thémis, Presses Universitaires de France, 2ème édition, 1998, p. 85

des organes que de l'attribution des compétences, pour qu'ils puissent être qualifiés de « communes » ou de « départements ». Ces éléments ne sont pas définis expressément par un texte, Constitution, code ou loi, mais ils résultent d'une interprétation de ces textes.

La jurisprudence a joué un rôle majeur dans cette catégorisation des collectivités territoriales. La décision du Conseil constitutionnel n° 82-147 DC du 2 décembre 1982 a ainsi censuré la création d'une assemblée unique pour les régions et les départements d'outre-mer, que les départements soient métropolitains ou ultra-marins : « Considérant qu'il résulte de ces articles (72 et 73) que le statut des départements d'outre-mer doit être le même que celui des départements métropolitains sous la seule réserve des mesures d'adaptation que peut rendre nécessaires la situation particulière de ces départements d'outre-mer ; que ces adaptations ne sauraient avoir pour effet de conférer aux départements d'outre-mer une "organisation particulière", prévue par l'article 74 de la Constitution pour les seuls territoires d'outre-mer »[14]. La décision n° 2000-435 DC du 7 décembre 2000, Loi d'orientation pour l'outre-mer, a réaffirmé cette jurisprudence assimilatrice, qui s'inscrit dans la logique de la loi de 1946 et des dispositions constitutionnelles, en rappelant qu'elle

---

[14] Décision n° 82-147 DC du 2 décembre 1982, Loi portant adaptation de la loi n° 82-213 du 2 mars 1982 relative aux droits et libertés des communes, des départements et des régions à la Guadeloupe, à la Guyane, à la Martinique et à la Réunion, cons 4 (JO du 4 décembre 1982, page 3666). Cette position a été reprise dans la décision n° 84-174 DC du 25 juillet 1984, Loi relative aux compétences des régions de Guadeloupe, de Guyane, de Martinique et de la Réunion, qui a admis que pouvait exister, néanmoins, une adaptation des règles relatives aux compétences, qui se traduisent par un aménagement limité des compétences des régions et des départements d'outre-mer par rapport aux autres régions et départements (cons. 5, JO du 28 juillet 1984, page 2493).

résultait des articles 1er, 72 et 73[15]. La même jurisprudence a été appliquée aux trois plus grandes villes françaises, pour lesquelles la loi du 31 décembre 1982 a créé des conseils et de maires d'arrondissement mais qui ne dérogeait pas au « droit commun de l'organisation communale »[16]. Le fait de créer d'autres organes, à côté de ceux qui existent dans toutes les autres communes de France, ne rend pas le régime électoral applicable à Paris, Marseille et Lyon, contraire à la Constitution.

L'unité catégorielle des collectivités territoriales signifie alors que, s'il peut être apporté par la loi des dérogations ou des distinctions au sein d'une même catégorie, celles-ci doivent rester limitées. Lorsque ce n'est plus le cas, la Constitution est méconnue et le législateur doit alors trouver d'autres solutions pour donner un statut adapté à ces collectivités spécifiques[17].

On peut se demander si, sur ce point, le droit français, est différent des autres systèmes juridiques. La réponse est sans doute négative. Néanmoins, l'Italie, après avoir consacré l'existence des régions à l'article 114 selon lequel « La République se compose des communes, des provinces, des villes métropolitaines, des régions et de l'État », prévoit que cinq d'entre elles disposent d'un statut particulier : « Des formes et des conditions particulières d'autonomie sont attribuées au Frioul-Vénétie Julienne, à la Sardaigne, à la Sicile, au Trentin-Haut Adige/Südtirol et au Val d'Aoste, selon les statuts spéciaux respectifs adoptés par loi constitutionnelle » (art.

---

[15] JO du 14 décembre 2000, p. 19830

[16] Décision n° 82-149 DC du 28 décembre 1982 Loi relative à l'organisation administrative de Paris, Marseille, Lyon et des établissements publics de coopération intercommunale, cons. 6 (JO du 29 décembre 1982, p. 3914).

[17] Sur ce sujet, cf. la communication d'Olivier Gohin au présent colloque.

116). La diversité est alors inscrite dans le marbre de la Constitution.

Ce n'est alors que très progressivement et assez tardivement que le principe d'égalité a pu être affirmé par le Conseil constitutionnel en droit français. Dans la décision n° 91-292 DC du 6 mai 1991, l'article de la loi relatif à la solidarité entre les communes de France était critiqué en ce qu'il méconnaissait « aussi bien le principe d'égalité que le principe de libre administration des collectivités territoriales » (cons. 20)[18]. Du fait de la spécificité de la région Ile-de-France et des nombreuses disparités relatives à la répartition des emplois entre le centre et la périphérie entraîne, « la création d'un mécanisme de solidarité financière intercommunale propre à la région d'Ile-de-France, n'est pas contraire au principe d'égalité » (cons. 26). Il faut attendre la décision du 18 décembre 2003, pour que ce principe soit fondé sur l'article 72 alinéa 5 issu de ce qui était, à l'époque, la récente révision constitutionnelle du 28 mars 2003 : « cet alinéa, qui a pour but de concilier le principe de liberté avec celui d'égalité par l'instauration de mécanismes de péréquation financière, n'impose pas que chaque transfert ou création de compétences donne lieu à péréquation » [19].

Cette décision ne répondait cependant pas à la question de savoir si l'égalité entre collectivités territoriales est autonome par rapport au principe général d'égalité, ou s'il

[18] Loi instituant une dotation de solidarité urbaine et un fonds de solidarité des communes de la région d'Ile-de-France, réformant la dotation globale de fonctionnement des communes et des départements et modifiant le code des communes, JO du 11 mai 1991, p. 6236.

[19] L'article 4 de la loi portant décentralisation en matière de revenu minimum d'insertion et créant un revenu minimum d'activité ne méconnaissait pas ainsi le cinquième alinéa de l'article 72-2 de la Constitution, déc. n° 2003-487 DC du 18 décembre 2003, cons. 15 (JO du 19 décembre 2003, p. 21686)

n'en est qu'une variante, au même titre que l'égalité devant les charges publiques (art. 13 de la Déclaration des droits) ou l'égalité devant l'accès aux emplois publics (art. 6 du même texte) qui peuvent être considérés comme des déclinaisons du principe.

La décision du 6 août 2009 du Conseil constitutionnel n'a pas été plus explicite[20]. Les requérants considéraient que l'article 2 de la loi déférée méconnaissait « tant le principe d'égalité entre salariés que le principe d'égalité entre collectivités territoriales » (cons. 15) assimilant en quelque sorte les deux facettes du même principe, ce qui a conduit le Conseil constitutionnel a répondre de manière séparée aux deux griefs. Faute de fondements constitutionnels parfaitement explicites et en considérant comme acquis qu'il existe un principe d'égalité entre les collectivités territoriales, le Conseil a affirmé l'existence d'une telle égalité pour censurer la loi sur un point relativement mineur : il a jugé qu' « aucune différence de situation ne justifie que le pouvoir de proposition, qui appartient dans la législation en vigueur au conseil de Paris, ne soit pas confié au maire de Paris comme dans l'ensemble des autres communes, y compris Lyon et Marseille » (cons. 23). S'il n'est pas nié qu'il existe un principe d'égalité, celui-ci ne trouve pas un fondement spécifique et adapté aux réalités locales. Il se présente comme une évidence, alors même que ses modalités sont bien parfois remises en question.

[20] Décision n° 2009-588 DC du 6 août 2009, Loi réaffirmant le principe du repos dominical et visant à adapter les dérogations à ce principe dans les communes et zones touristiques et thermales ainsi que dans certaines grandes agglomérations pour les salariés volontaires (JO du 11 août 2009, p. 13319).

B. Les modalités de l'égalité

Elles peuvent prendre des formes diverses et certaines sont remises en cause au nom d'un combat contre une égalité qui ne tiendrait pas compte de la diversité des collectivités territoriales.

Ce principe d'égalité qui n'ose pas dire son nom trouve toute sa force dans l'interdiction de la tutelle d'une collectivité sur une autre. D'abord affirmé dans la loi n° 83-8 du 7 janvier 1983 relative à la répartition de compétences entre les communes, les départements, les départements, les régions et l'Etat, et codifié à l'article L. 1111-3 CGCT, ce principe a été constitutionnalisé à l'alinéa 5 de l'article 72 : « Aucune collectivité territoriale ne peut exercer une tutelle sur une autre ». Selon le Conseil constitutionnel, une telle tutelle doit correspondre au pouvoir donné à une collectivité, quelle qu'elle soit, de substituer ses décisions à celles d'une autre collectivité ou de s'opposer à ces dernières ou de contrôler l'exercice de ses compétences[21].

La codification est une manière d'affirmer une homogénéité en traitant des catégories qui signifient qu'un droit identique régit toutes les collectivités soumises à cette catégorie. Il est cependant intéressant de constater, pour les trois catégories de collectivités de droit commun dans les parties 2, 3 et 4 du CGCT, consacrées respectivement aux communes, aux départements et aux régions, que des dispositions sont malgré tout prévues

---

[21] Décision n° 2010-618 DC du 9 décembre 2010, Loi de réforme des collectivités territoriales, cons. 22 (JO du 17 décembre 2010, p. 22181). Dans cette décision, le Conseil répondait au grief selon lequel la région était susceptible d'exercer, du fait de la création des conseillers territoriaux qui devaient siéger à la fois au sein des conseils généraux et des conseils régionaux. Le Conseil a jugé que cette nouvelle catégorie d'élus n'instituait pas une tutelle. Sur ce sujet, voir la communication de Martine Long au présent colloque.

pour des collectivités à statut spécifique ou dérogatoire, qui relèvent néanmoins de la catégorie de droit commun. C'est ainsi que, pour les communes, le livre Cinquième de la deuxième partie consacre des titres à « Paris, Marseille et Lyon », aux « Communes des départements des Hauts-de Seine, de la Seine-Saint-Denis », aux « Communes de la région d'Ile de France », aux « Communes des départements de Moselle, du Bas-Rhin et du Haut-Rhin », aux « Communes de la Haute-Corse et de la Corse-du-Sud », aux « Communes des départements d'outre-mer » et aux « Communes des collectivités d'outre-mer ». Ces dispositions peuvent être d'importance mineure (cf l'article L. 2551-1) ou, au contraire, organiser des institutions originales, comme le montrent les articles L. 2511-1 et suivants relatifs aux trois plus grandes villes de France[22].

L'existence d'une première partie intitulée « Dispositions générales », sous-entendu applicables pour toutes les collectivités régies par le code général des collectivités territoriales, est très révélatrice d'une volonté de traiter ensemble toutes les collectivités régis cette fois par le code tout entier, englobant non seulement les trois niveaux précités, mais aussi les collectivités d'outre-mer de

[22] Pour les départements, l'examen de la table des matières de la troisième partie du CGCT, « Le département », montre un Livre Quatrième consacré aux « Dispositions particulières à certains départements » comprenant 5 titres : « Département de Paris », « Départements des Hauts-de-Seine », « Départements de Corse-du-Sud et de la Haute Corse » et « Départements d'outre-mer » et « Dispositions communes aux départements de Paris, des Hauts-de-Seine, de la Seine-Saint-Denis et du Val-de-Marne » (cf colloque Janicot, L'avenir des départements). Il en est de même pour la quatrième partie consacrée aux régions dont le Livre quatrième comprend les dispositions intéressant les régions à statut particulier (région d'Ile-de-France et régions d'outre-mer) et la collectivité territoriale de Corse.

l'article 74 et aussi les deux collectivités uniques régies par la septième partie du CGCT, intitulée « Autres collectivités régies par l'article 73 de la Constitution » et qui concerne, en l'état actuel du droit, la collectivité territoriale de Guyane et la collectivité territoriale de Martinique.

Bien sûr, la consécration suprême du principe d'égalité a été opérée en 2003 avec l'insertion de l'alinéa 5 de l'article 72-2 qui dispose que « La loi prévoit des dispositifs de péréquation destinés à favoriser l'égalité entre les collectivités territoriales ». Il est à noter que cette disposition ne figurait, ni dans l'exposé des motifs, ni dans le projet de loi constitutionnelle. Cette notion est apparue lors des débats parlementaires en ne distinguant pas clairement si la péréquation devait favoriser l'égalité ou, au contraire, corriger les inégalités. A la différence de l'Allemagne[23], la Constitution française laisse une grande liberté au législateur pour organiser la solidarité entre les collectivités territoriales. On observera aussi que l'égalité constitue, au sein de cet alinéa 5 de l'article 72-2, plus un objectif à atteindre qu'un principe déjà existant et consacré. Il s'apparente davantage à un objectif à valeur constitutionnelle, sous réserve qu'il est ici parfaitement explicite, à la différence d'autres objectifs, qu'à une règle ou un principe. Le Conseil constitutionnel a d'ailleurs jugé que l'objectif de péréquation ne constituait pas un droit ou une liberté que la Constitution garantit au sens de l'article

---

[23] L'article 107 de la Loi fondamentale allemande dispose en effet, que « La loi doit assurer une compensation appropriée des inégalités de capacité financière entre les Länder, en tenant compte de la capacité et des besoins financiers des communes ou des groupements de communes. La loi doit définir les conditions d'existence des droits à péréquation des Länder bénéficiaires et des obligations de péréquation des Länder prestataires ainsi que les critères de détermination des versements de péréquation » (sur ce sujet cf. la communication de Matthieu Houser au présent colloque).

61-1 de la Constitution : « si cette disposition a pour but de concilier le principe de liberté avec celui d'égalité par l'instauration de mécanismes de péréquation financière, sa méconnaissance ne peut, en elle-même, être invoquée à l'appui d'une question prioritaire de constitutionnalité sur le fondement de l'article 61-1 de la Constitution »[24].

La péréquation doit donc, en France, permettre d'atteindre l'égalité, alors qu'en République fédérale allemande, la règle constitutionnelle est destinée à assurer un minimum fédéral devant la diversité des législations des Länder. Cette logique correspond, outre-Rhin, à la volonté de permettre la sauvegarde de « l'homogénéité des conditions de vie sur le territoire fédéral (art. 106, § 3, 1 de la Loi fondamentale).

De manière également différente du droit français, au niveau supra-national, l'article 9 § 5 de la Charte européenne de l'autonomie locale du 15 octobre 1985 affirme que : « La protection des collectivités locales financièrement plus faibles appelle la mise en place de procédures de péréquation financière ou des mesures équivalentes destinées à corriger les effets de la répartition inégale des sources potentielles de financement ainsi que des charges qui leur incombent. De telles procédures ou mesures ne doivent pas réduire la liberté d'option des collectivités locales dans leur propre domaine de responsabilité ». Cette disposition, moins inspirée que le droit français par ce principe d'égalité dont l'origine reste source d'interrogations, met davantage l'accent sur la nécessité de protéger les collectivités locales financièrement faibles, et correspond à une exigence de solidarité nationale. Le principe d'égalité entre collectivités territoriales serait-il, alors, un élément de l'identité constitutionnelle de la France,

[24] Décision n° 2010/29/37 QPC du 22 septembre 2010, Commune de Besançon et autres, cons 5, JO du 23 septembre 2010, p. 17293.

c'est-à-dire, selon des conceptions différentes, un mal ou un bien typiquement français ?

QUELLE ÉGALITÉ ENTRE LES COLLECTIVITÉS TERRITORIALES ?

Sous la présidence de Julie BENETTI,
professeur à l'université Paris I Panthéon Sorbonne

La représentation des collectivités territoriales par le Sénat ou les habits neufs de la « démocratie rurale »

Bernard Dolez
Professeur à l'Université Panthéon-Sorbonne (Paris 1)

Aujourd'hui, la seconde chambre n'est qu'une option : moins d'un Etat sur deux a fait le choix du bicaméralisme. Si l'on justifie aisément l'existence d'une seconde chambre dans les Etats fédéraux, dans les autres, en revanche, l'argumentaire est plus difficile à déployer. Au-delà des principes constitutionnels (le bicaméralisme comme division du pouvoir), des visées du pouvoir constituant (affaiblir le parlement), des nécessités politiques du moment (le compromis de 1875), ou encore des arguments utilitaristes (améliorer la qualité de la loi), l'existence d'une seconde chambre ne se conçoit que si 1°) elle dispose d'une fonction particulière et 2°) elle est élue de manière différente de la chambre basse (corps électoral et/ou mode de scrutin).

Retraçant « la quête identitaire de la seconde chambre », Séverine Nicot estime que « l'une des justifications principales de (son) existence (...) réside dans la demande de représentation »[1]. On ne se hasardera

---

[1] S. Nicot, « La quête identitaire de la seconde Chambre : l'affirmation de sa spécificité territoriale », *VIe Congrès Français de Droit*

pas à prétendre que le bicaméralisme répond à une demande sociale. En revanche, S. Nicot a raison de présenter la notion de représentation comme la clé de l'existence d'une seconde chambre puisqu'elle est susceptible tout à la fois d'offrir une mission à cette dernière et de justifier une règle électorale particulière. Mais qui peut-elle bien « représenter » ? Ou que peut-elle bien « représenter » ?

S'il était jadis concevable que les secondes chambres représentent des intérêts sociaux ou catégoriels, l'idée selon laquelle la chambre basse « représente le peuple dans sa composante démographique » et la chambre haute, « le peuple dans sa dimension spatiale »[2] s'est progressivement imposée. Comme le relevait déjà Jean Grangé en 1990, « la plupart des secondes chambres des parlements bicaméraux ont une fonction de représentation à base territoriale » [3]. Le Sénat de la Ve République s'inscrit dans cette perspective : selon l'article 24 alinéa 4 de la Constitution, « il assure la représentation des collectivités territoriales de la République ».

Cette disposition peut être lue de deux façons, qui ne sont bien entendu pas exclusives l'une de l'autre. On peut, d'une part, y déceler l'intention du constituant de confier une « fonction » particulière au Sénat, et estimer en conséquence que « c'est cette fonction de représentation des structures territoriales qui fonde aujourd'hui la spécificité constitutionnelle du Sénat français »[4]. On peut,

---

Constitutionnel organisé par l'Association Française des Constitutionnalistes à Montpellier les 9, 10 et 11 juin 2005, p. 4. http://www.droitconstitutionnel.org/congresmtp/textes6/NICOT1.pdf

[2] D. Maus, « Libres propos sur le Sénat », *Pouvoirs*, n° 64, 1993, p.97.

[3] J. Grangé, « Les déformations de la représentation des collectivités territoriales et de la population au Sénat », *Revue française de science politique*, 1990, p. 24.

[4] S. Nicot, op. cit., p. 8

d'autre part, la resituer dans le contexte de l'article 24 alinéa 4, selon lequel « le Sénat est élu au suffrage indirect. Il assure la représentation des collectivités territoriales de la République », en y voyant une simple référence au corps électoral chargé d'élire les sénateurs au suffrage indirect.

Ces deux lectures de l'article 24 C se renforcent l'une l'autre et constituent les deux faces d'un même « principe de représentation des collectivités territoriales », promptement invoqué par les sénateurs dès qu'il s'agit de protéger – ou d'étendre – les attributions de la Haute Assemblée ou de s'opposer à toute modification de son mode d'élection : la désignation des sénateurs par les élus locaux conditionne l'aptitude du Sénat à s'exprimer au nom des collectivités territoriales.

Mais « parler » au nom des collectivités territoriales suppose sans doute de les représenter également. « Pas de représentation sans représentativité », comme le dit J. Godbout[5] dans une formule que n'auraient pas reniée les anti-fédéralistes[6].

La représentativité du collège électoral sénatorial mérite pourtant examen, tout spécialement dans un colloque ayant pour thème : « Les collectivités territoriales et le principe d'égalité ». 95 % des grands électeurs sénatoriaux sont des conseillers municipaux (ou des délégués des conseils municipaux) et, parmi ceux-ci, les élus des grandes villes sont gravement sous-représentés. Quel que soit le critère utilisé, notamment le critère

---

[5] Jacques T. Godbout, « Pas de représentation sans représentativité ? », *Revue du MAUSS* 2005/2 (no 26), p. 90-104.
Sur cette question, voir également : Catherine Castor, « L'égalité devant le suffrage », *Revue française de droit constitutionnel* 2012/2 (n° 90), p. 1-34.

[6] B. Manin, *Principes du gouvernement représentatif*, Calmann-Lévy, 1995, p. 145.

démographique, la représentativité du collège électoral fait défaut. Les choses semblent aujourd'hui figées, depuis la décision du Conseil constitutionnel du 6 juillet 2000[7] : le Conseil s'est appuyé, de manière implicite, sur le principe de représentation des collectivités territoriales pour refuser une juste représentation des collectivités au sein du collège électoral sénatorial (I).

Pourtant, l'existence même d'un tel principe pose question. Si les mannes de Gambetta sont systématiquement invoquées quand il s'agit de présenter le Sénat comme le « grand conseil des communes de France » et donc, par extension, comme le « représentant » des collectivités territoriales, l'interprétation par le Conseil des dispositions de l'article 24 est éminemment contestable. Ni les pères fondateurs de la IIIe République, ni les constituants de 1958 n'ont entendu faire du Sénat le « représentant » des collectivités. En d'autres termes, le principe de représentation des collectivités territoriales n'existe pas. Ou plutôt, il ne s'agit que d'une simple construction, doctrinale et jurisprudentielle, qui empêche aujourd'hui toute évolution notable du mode d'élection des sénateurs (II).

I. La représentativité du collège électoral sénatorial en question

Jusqu'à la loi du 2 août 2013, le collège électoral sénatorial était composé des députés, des conseillers régionaux, des conseillers départementaux et d'un nombre variable de délégués des conseils municipaux, selon la taille de la commune. Dans les communes de plus de 9.000 habitants, tous les conseillers municipaux étaient

---

[7] Décision n° 2000-431 DC du 6 juillet 2000, *Loi relative à l'élection des sénateurs*.

délégués de droit. Les communes de plus de 30.000 habitants disposaient d'un délégué supplémentaire par tranche de 1.000 habitants.

La composition du collège électoral a fait l'objet de critiques récurrentes, notamment de la part de la gauche. Sous la troisième cohabitation, elle avait notamment fait voter une loi pour mieux représenter les communes les plus peuplées au sein du collège électoral. Le conseil constitutionnel s'y était cependant opposé. Plus récemment, le rapport Jospin a plaidé pour « une représentation plus équitable des collectivités territoriales »[8], au motif que « la composition du corps électoral qui élit les sénateurs ne permet pas une juste représentation des collectivités territoriales »[9]. Il formulait plusieurs propositions pour « améliorer la représentativité du Sénat ». Il proposait notamment de supprimer la présence des députés dans le collège électoral sénatorial, au motif que celle-ci « est un héritage historique, (qui) paraît injustifiée (…) : elle est peu compatible avec la mission constitutionnelle du Sénat de représentation des collectivités territoriales et elle conduit les membres de la première chambre à désigner, même marginalement, ceux de la seconde »[10].

La loi du 2 août 2015 n'a pas donné suite aux propositions de la commission Jospin. Elle n'a pas amélioré la représentation des départements et des régions au sein du collège électoral. Elle n'a pas non plus supprimé la présence des députés au sein du collège ; au contraire, elle y a adjoint les sénateurs. Elle s'est contentée

---

[8] Commission de rénovation et de déontologie de la vie publique, *Pour un renouveau démocratique*, La Documentation française, 2012, p. 36.
[9] Commission de rénovation et de déontologie de la vie publique, *op. cit.*, p. 41.
[10] Commission de rénovation et de déontologie de la vie publique, *op. cit.*, p. 44.

d'améliorer, à la marge, la représentation des communes les plus peuplées, les villes des plus de 30.000 habitants disposant désormais d'un délégué supplémentaire pour 800 habitants, au lieu d'un délégué pour 1.000 habitants.

Aujourd'hui, la représentativité du collège électoral sénatorial est très faible, quel que soit le critère retenu (A). Paradoxe : le principe de représentation des collectivités territoriales, consacré en juillet 2000 par le Conseil constitutionnel, est aujourd'hui un obstacle à une meilleure représentativité du collège (B).

A. L'introuvable principe d'égalité entre collectivités territoriales

L'égalité entre collectivités territoriales pourrait s'entendre de trois façons. La composition du collège électoral sénatorial pourrait reposer sur l'égalité entre catégories de collectivités territoriales, sur l'égalité entre les collectivités elles-mêmes, ou encore sur l'égalité des citoyens devant le suffrage, en offrant à chaque commune un nombre de délégués proportionnel à son poids démographique. Le collège électoral sénatorial ne repose en l'espèce sur aucune de ces trois conceptions possibles du principe d'égalité.

L'égalité entre catégories de collectivités territoriales ?

Le collège électoral sénatorial ne représente pas de manière égale les catégories de collectivités territoriales. Sa composition est, sous cet angle, complètement déséquilibrée. Aujourd'hui, les délégués des conseils municipaux fournissent plus de 95 % des grands électeurs. Départements et régions ne sont que marginalement représentés au sein du collège électoral sénatorial. Les conseillers départementaux ne constituent que 2,5 % des grands électeurs et les conseillers régionaux, seulement 1,2 % (tableau 1).

De lege lata, cette très forte disproportion n'est pas contraire à l'article 24 de la Constitution. L'argument avait pourtant été soulevé par les saisissants en 2000. Dans ses observations, le gouvernement s'y était opposé :

« *A cet égard, le système actuel, qui donne une forte prépondérance aux délégués des conseils municipaux, montre que le Sénat demeure, comme au temps de Gambetta,* « le grand conseil des communes de France ». *Sauf à interpréter l'article 24 de la Constitution comme ayant entendu revenir sur cette caractéristique traditionnelle de la seconde chambre, et à en déduire que l'état actuel du droit est contraire à la Constitution, on peut donc difficilement soutenir que chaque catégorie de collectivité territoriale doit avoir un poids propre au sein des collèges électoraux.* »

Le conseil constitutionnel avait alors validé cette interprétation de l'article 24 en estimant qu'il fallait seulement déduire de cette disposition que « toutes les catégories de collectivités territoriales doivent être représentées » au sein du collège électoral.

De lege ferenda, toutefois, les lois de décentralisation pourraient justifier une nouvelle organisation du collège électoral sénatorial. Jusqu'en 1982, la région n'était pas une collectivité territoriale et le préfet assurait l'exécution des délibérations du conseil général ; le département avait au surplus peu de compétences. La formule de Gambetta traduisait bien l'adéquation entre la composition du collège électoral sénatorial et l'organisation administrative française de l'époque. La loi du 2 mars 1982 et la révision constitutionnelle de 2003 pourraient aujourd'hui justifier une refonte complète du collège électoral sénatorial afin de tenir compte de la nouvelle donne institutionnelle.

C'est cette voie que la commission Jospin avait explorée en 2012 :

« *La composition du collège sénatorial conduit (...) à une surreprésentation écrasante des communes par rapport aux départements et aux régions (...). La commission estime que cette prépondérance des délégués des conseils municipaux ne se justifie plus dans le paysage institutionnel actuel, marqué par la place prise par les départements et les régions dans la mise en œuvre des politiques publiques* »[11].

Pour améliorer la représentation des régions et des départements, la commission Jospin avait envisagé un système ingénieux, mais complexe, consistant à pondérer les voix exprimées par les conseillers départementaux et les conseillers régionaux d'un coefficient de 1 à 15, afin que celles-ci représentent « *pour chacune des deux catégories de collectivités, environ 15 % des suffrages des membres du corps électoral sénatorial* ».[12]

Ces propositions n'ont, pour l'instant, trouvé aucune traduction concrète. La réflexion pourrait néanmoins être prolongée. S'il s'agit, comme l'indiquait le rapport Jospin, d'atteindre « l'objectif d'une représentation des différentes collectivités territoriales plus conforme au principe d'égalité », pourquoi ne pas envisager d'accorder un poids égal à chaque catégorie de collectivités au sein du collège électoral sénatorial ? Et accessoirement, s'il s'agit de prendre acte de la nouvelle organisation territoriale du pays, pourquoi ne pas envisager d'élargir le collège aux représentants des EPCI ?

On pourrait imaginer ici deux solutions. La première consisterait à diviser le collège électoral en trois sections,

---

[11] Commission de rénovation et de déontologie de la vie publique, *op. cit.*, p. 44.

[12] Commission de rénovation et de déontologie de la vie publique, *op. cit.*, p. 45.

chacune d'entre elles désignant un nombre de sénateurs équivalent dans le cadre des nouvelles régions. La seconde solution serait de réduire très fortement le nombre de délégués du bloc communal au sein du collège électoral sénatorial, en les faisant désigner par les intercommunalités à fiscalité propre, par exemple à hauteur de deux délégués minimum par EPCI afin de garantir la parité. Une modification de l'article 24 C serait néanmoins probablement nécessaire, dans la mesure où les communes ne seraient plus directement représentées au sein du collège électoral sénatorial – même si les conseillers communautaires sont également tous conseillers municipaux.

Tableau 1 : Répartition des membres du collège électoral sénatorial (après la loi du 2 août 2013)

Membres du collège électoral	**Proportion**
Conseillers régionaux	1,2 %
Conseillers départementaux	2,5 %
Délégués des conseils municipaux	95,6 %
Députés, sénateurs	*0,6 %*
Elus ultramarins	*0,1 %*
Total	**100,0 %**

Source : B. Roman, Rapport n° 1232 sur le projet de loi, adopté par le Sénat (n° 1162), relatif à l'élection des sénateurs, *Assemblée Nationale*, 10 juillet 2013.

L'égalité entre collectivités ?

Le collège électoral sénatorial ne représente pas de manière égale les collectivités territoriales elles-mêmes. Sous cet angle également, le collège électoral est très fortement déséquilibré. Si l'on ne s'en tient qu'aux communes, les plus petites d'entre elles ne disposent que d'un délégué ; les plus peuplées (sans compter Paris) disposent de plus de mille cents délégués.

Au sens strict, le Sénat n'aura été le « grand conseil des communes de France » que pendant une très courte période, de 1875 à 1884. Pendant ces neuf années, le collège électoral est composé pour l'essentiel de délégués élus par les électeurs de la commune, à raison d'un délégué par conseil municipal. Mais, après la révision constitutionnelle de 1884, une certaine progressivité démographique est introduite par la loi du 9 décembre 1884, en faisant varier le nombre de délégués en fonction du nombre de conseillers municipaux, et donc de la population de la commune.

A vrai dire, le mode initial d'élection des sénateurs n'avait pas pour objet d'établir l'égalité des collectivités au sein du collège électoral. Sans même évoquer les inamovibles ou la présence des députés voire des conseillers d'arrondissement en son sein, il suffit de rappeler que les conseillers généraux (dont le nombre varie d'un département à l'autre) étaient tous de « grands électeurs » sénatoriaux. Chaque département disposait de plusieurs dizaines de délégués, tandis que les conseils municipaux n'en désignaient qu'un seul. En 1875, l'alternative était claire : suffrage direct ou suffrage indirect. Le suffrage indirect, et donc la présence d'élus locaux ou de délégués désignés par leurs soins au sein du collège électoral, fit donc clairement partie du compromis noué avec les monarchistes.

Neuf ans plus tard, la République affermie, l'alternative est toujours la même. Les républicains radicaux veulent, par la révision, obtenir la suppression du Sénat ou, au moins, son élection au suffrage universel direct. En août 1884, Jules Ferry s'oppose à la révision « intégrale » de la constitution pour éviter un conflit entre les deux Chambres. Selon le mot de Jean-Jacques Chevallier, « la révision serait donc seulement partielle ; elle ne dépasserait pas certaines limites acceptables par le Sénat.

Elle ne se ferait pas sans le Sénat. Elle ne se ferait pas contre le Sénat »[13]. Et, en décembre 1884, lors de la discussion sur la loi relative à l'organisation du Sénat et à l'élection des sénateurs, Ferry s'oppose à l'élection de ceux-ci au suffrage direct. Il considère que l'élection au suffrage universel direct menacerait la République parlementaire instaurée en 1875, qu'il entend au contraire conforter. Le 9 décembre, il s'exprime en ces termes devant la Chambre :

« *Il n'est pas possible, dans une République parlementaire, d'accorder aux deux Assemblées les mêmes attributions, et c'est pour cela qu'on ne saurait leur donner la même origine (...). Si vous leur accordez les mêmes attributions, si vous leur donnez, à l'une et l'autre, une part égale de puissance dans la direction du cabinet, et si l'une des deux Chambres ne comprend pas que son rôle modérateur ne se concilie pas avec le rôle directeur qui appartient à l'autre Chambre, il n'y a plus de république parlementaire, il n'y a plus de responsabilité ministérielle, et alors il faut, comme on l'a dit souvent (...) passer l'Atlantique, et modifier profondément votre Constitution (...), ne plus songer à la responsabilité ministérielle, mettre les ministres en dehors des deux Chambres comme on le fait en Amérique* »[14].

Face à ceux (dont Clémenceau) qui, pour mieux le déconsidérer, assimilent le suffrage indirect au suffrage restreint, Ferry s'en fait le vigoureux défenseur :

---

[13] J.-J. Chevallier et G. Conac, *Histoire des institutions et des régimes politiques de 1789 à nos jours*, 8e édition, 1991, p. 306.
Voir également : P. Charlot, « La révision constitutionnelle de 1884 ; le contrat selon Jules Ferry », In *L'idée contractuelle dans l'histoire de la pensée politique*, Presses Universitaires d'Aix-Marseille, 2008, p.487-502.

[14] *JO, Débats parlementaires, Chambre des députés,* 10 décembre 1884, p. 2679.
Consultable sur http://gallica.bnf.fr/ark:/12148/cb34363182v/date

« *Non seulement (...) il y a dans de pareilles formules un étrange et excessif abus de mots mais il y a une injustice profonde et une profonde ingratitude vis-à-vis de cette démocratie rurale (...) qui est le plus ferme appui de la République, de cette démocratie rurale sans laquelle on peut faire des ministères, mais sans laquelle on ne saurait fonder de gouvernement durable et fort (...). C'est là qu'est (...) la véritable volonté du pays* »[15].

C'est l'instauration d'un correctif démographique qui permet alors à Ferry d'éloigner la perspective d'une élection au suffrage universel direct.

Tableau 2 : Nombre de délégués par commune, selon la tranche de taille des communes (après la loi 2 août 2013)

Tranche	Nb de communes	Nb total de délégués	Nb de délégués par commune
De 1 à 499 habs	20009	20009	1
+ de 300.000 habs	5	5739	1147,8
Totaux	**36777**	**154633**	**4,2**

Source : Etude d'impact du projet de loi relatif à l'élection des sénateurs, 18 février 2013

L'égalité devant le suffrage ?

Depuis, ce correctif n'a jamais cessé d'être affiné, sans jamais toutefois prendre en compte exactement le poids démographique des communes urbaines.

La loi du 9 décembre 1884 module ainsi le nombre de délégués, de 1 à 24 selon la taille de la commune (30 pour Paris). Les inégalités devant le suffrage restent cependant très fortes, puisqu'il ne saurait être question de menacer la « démocratie rurale », tant vantée par Jules Ferry. Les conseils municipaux des communes de 3.000 habitants

[15] *Op. cit.* p. 2678.

désignent six délégués. Quatre communes de 3.000 habitants pèsent ainsi autant que les plus grandes villes du pays au sein du collège électoral sénatorial.

Les constituants de la IVe République avaient de toutes autres conceptions en tête. On sait que le premier projet de constitution était monocaméral. Le Conseil de la République instauré dans la constitution du 27 octobre 1946 est, à l'origine, très éloigné de la « démocratie rurale » qui était au principe du Sénat de la IIIe République. L'article premier de la loi du 27 octobre 1946[16] prévoit que « le Conseil de la République est composé de 315 membres répartis comme suit : 200 membres élus par les collectivités territoriales métropolitaines ; 50 membres élus par l'Assemblée nationale ; 14 membres élus par les collectivités territoriales algériennes ; et 51 membres élus par les conseils généraux et assemblées territoriales des départements et territoires d'outre-mer ». Surtout, les 200 membres « élus par les collectivités territoriales » le sont par un collège électoral qui se veut le fidèle reflet du pays. Les conseils municipaux ne participent plus à la désignation de ses membres. Le collège électoral est composé des députés, des conseillers généraux et « de délégués désignés dans chaque canton par le suffrage universel, à raison d'un délégué par 300 électeurs inscrits ou fraction de 300 » (article 2). L'objet de cette disposition était très clair. Il s'agissait d'éviter la surreprésentation du monde rural au sein du collège électoral, et donc d'éviter la surreprésentation des forces politiques conservatrices au sein du Sénat.

Mais, en 1947, tout change. Le début de la Guerre Froide provoque l'exclusion des ministres communistes du

[16] Loi n° 46-2383 du 27 octobre 1946 sur la composition et l'élection du Conseil de la République, *JORF* du 28 octobre 1946, p. 9176.

gouvernement et les élections municipales d'octobre 1947 sont marquées par la très forte poussée du RPF. En l'état, les paramètres du collège électoral pourraient conduire à l'absence de toute majorité possible au sein du Conseil de la République. C'est pourquoi la « démocratie rurale » va rapidement retrouver quelques charmes aux yeux des hommes de la IVe République. La loi du 23 septembre 1948 se résout à sous-représenter volontairement la France urbaine au sein du collège électoral sénatorial pour faire barrage au PCF et au RPF, moins de deux ans après l'adoption de la constitution de la IVe République et de la loi du 27 octobre 1947.

La loi du 23 septembre 1948 renoue partiellement avec les principes antérieurs : outre la présence des députés et des conseillers généraux au sein du collège électoral, les conseils municipaux désignent à nouveau des délégués en fonction de leur population. Mais, avec deux différences essentielles : les délégués ne sont plus choisis parmi les électeurs de la commune, mais parmi les conseillers municipaux eux-mêmes. Dans les communes de 9.000 habitants et plus, tous les conseillers municipaux sont délégués de droit. Et, pour les communes les plus importantes (plus de 45.000 habitants), les conseils municipaux désignent des délégués supplémentaires, à raison d'un délégué pour 5.000 habitants.

L'ordonnance du 15 novembre 1958 relative à l'élection des sénateurs adoptera les mêmes principes, en optant pour un correctif plus favorable au monde urbain, puisque les villes de plus de 30.000 habitants disposent désormais d'un délégué supplémentaire par tranche de 1.000 habitants. La loi du 2 août 2013 abaissera ce seuil à 800 habitants.

Malgré ce correctif, l'égalité devant le suffrage est aujourd'hui loin d'être atteinte. Les petites communes restent surreprésentées et les grandes villes, sous-représentées. Les délégués des communes de moins de 500 habitants représentent en moyenne 227 habitants, tandis que ceux des villes de plus de 300.000 habitants représentent en moyenne 760 habitants, soit un écart d'environ 3,5 (tableau 3). La « correction démographique » apportée par la loi du 2 août 2013 est marginale, pour ne pas dire cosmétique. Les communes urbaines restent largement sous-représentées au sein du collège électoral sénatorial. Les communes de plus de 30.000 habitants, qui représentent 31,5 % de la population, désigneront désormais 18,0 % des délégués municipaux contre 16,3 % auparavant. Les communes de moins de 1.500 habitants (20,0 % de la population) désigneront, elles, 32,3 % des délégués, contre 33,0 % précédemment.

Mais il était difficile pour le législateur d'aller plus loin : le conseil constitutionnel s'est opposé, en 2000, à un strict respect du principe d'égalité du suffrage au nom de l'article 24 C.

Tableau 3 : Nombre d'habitants par délégué sénatorial, selon la tranche de taille des communes (après la loi du 2 août 2013)

Tranche	Nb communes	Population	Nb total	Nb d'habits par délégué
De 1 à 499 habs	20009	4545018	20009	227
+ de 300.000 habs	5	4364009	5739	760
Totaux	**36777**	**65336841**	**154633**	**423**

Source : Etude d'impact du projet de loi relatif à l'élection des sénateurs, 18 février 2013

B. Le principe de représentation des collectivités territoriales contre la représentativité du collège électoral

En mars 1999, le gouvernement avait déposé un projet de loi visant à réviser la fixation de l'effectif des délégués sénatoriaux des communes, en s'appuyant sur le principe constitutionnel de l'égalité devant le suffrage. Il estimait que « si l'on ne peut établir une proportionnalité rigoureuse entre le nombre des délégués sénatoriaux et la population de chaque commune, on peut toutefois s'en approcher d'assez près »[17]. La loi votée par le parlement modifiait notamment l'article L. 284 du code électoral, pour substituer aux dispositions en vigueur un nouveau dispositif, au terme duquel les conseils municipaux désigneraient désormais un délégué pour 300 habitants, ou tranche de 300 habitants[18].

Dans sa décision du 6 juillet 2000 « Loi relative à l'élection des sénateurs », le conseil constitutionnel a déclaré cette disposition non conforme à la Constitution, en appuyant son raisonnement sur deux considérants de principe.

« 5. *Considérant qu'il résulte des dispositions précitées de l'article 24 de la Constitution que le Sénat doit, dans la mesure où il assure la représentation des collectivités territoriales de la République, être élu par un corps électoral qui est lui-même l'émanation de ces collectivités ; que, par suite, ce corps électoral doit être essentiellement composé de membres des assemblées délibérantes des collectivités territoriales ;* (…)

[17] Exposé des motifs, projet de loi n° 260 relatif à l'élection des sénateurs, *Sénat*, session ordinaire 1998-1999.

[18] Voir notamment : M. Dolez, Rapport n° 2031 sur le projet de loi, adopté par le Sénat, relatif à l'élection des sénateurs, *Assemblée Nationale*, 16 décembre 1999.

6. *Considérant, en conséquence, que, si le nombre des délégués d'un conseil municipal doit être fonction de la population de la commune et si, dans les communes les plus peuplées, des délégués supplémentaires, choisis en-dehors du conseil municipal, peuvent être élus par lui pour le représenter, c'est à la condition que la participation de ces derniers au collège sénatorial conserve un caractère de correction démographique ;* (…) »

Alors que le Conseil considère « que l'Assemblée nationale, désignée au suffrage universel direct, doit être élue sur des bases essentiellement démographiques » (cons. 21 de la décision 86-208 DC du 2 juillet 1986, *Loi relative à l'élection des députés*), il estime au contraire que le principe d'égalité devant le suffrage doit être concilié avec les exigences de l'article 24 C et un hypothétique principe de représentation des collectivités territoriales, que le Conseil se garde pourtant bien de mentionner explicitement.

Plus précisément, le Conseil estime, d'une part, « que l'application des dispositions en vigueur de l'article L. 285 du code électoral ne remet pas en cause les principes sus-énoncés » (cons. 6). Il considère, d'autre part, que le dispositif voté par le parlement « irait au-delà de la simple correction démographique » et est donc contraire à la Constitution (cons. 8).

Cette double conclusion est cependant éminemment critiquable. Le Conseil s'appuie, en l'espèce, sur deux arguments. Le premier repose sur la part des délégués supplémentaires au sein du collège électoral : « Cons. (…) que, dès lors, ces délégués supplémentaires constitueront une part substantielle, voire, dans certains départements, majoritaire du collège des électeurs sénatoriaux » (cons. 7)

La part occupée par les délégués supplémentaires au sein du collège électoral peut être appréciée à trois niveaux. Elle peut, tout d'abord, être mesurée au niveau national. La loi de 2000 aurait eu pour effet de faire passer cette part de 8 à 28 %, soit une part substantielle mais non majoritaire.

Elle peut, en second lieu, être appréciée au niveau départemental. C'est (exclusivement) sur ce terrain que s'est placé le Conseil, en accueillant l'argumentation des saisissants. Ceux-ci relevaient notamment que leur part aurait atteint 70,6 % dans les Hauts-de-Seine ou 61,6 % dans le Val-de-Marne. Mais il faut souligner que la part des délégués supplémentaires était déjà substantielle dans ces départements auparavant (30,2 % dans les Hauts-de-Seine). Et s'il s'agissait de sanctionner la présence d'une majorité de délégués supplémentaires au niveau départemental, il faut relever que l'on observait déjà ce cas à Paris avant que le parlement ne soit saisi de la question en 2000 (Paris comptait ainsi 2406 grands électeurs lors des dernières élections sénatoriales de 2011, dont environ 90 % de délégués supplémentaires).

Enfin, la part des délégués supplémentaires peut être appréciée au niveau local. C'est surtout dans les villes moyennes que le texte voté en 2000 aurait eu l'effet le plus important. Dans la tranche 30.000 à 40.000 habitants, la part des délégués supplémentaires serait passée de 9 % à 68 %. Mais, dans les grandes villes, les délégués supplémentaires étaient déjà majoritaires en vertu des dispositions de l'ordonnance de septembre 1958. Ils représentaient 52 % des délégués dans les villes de 80.000 à 100.000 habitants et 87 % dans les villes de plus de 200.000 habitants (tableau 4).

Quand on apprécie la part des délégués supplémentaires à ces trois niveaux, il est difficile de voir une rupture entre la petite loi votée en 2000 par le parlement et le droit positif alors en vigueur. Il s'agissait plus d'un changement de degré que d'un changement de nature du collège électoral sénatorial. La part des délégués supplémentaires était déjà substantielle, voire majoritaire, dans certains départements ou dans certaines tranches de taille des communes.

On peine donc à comprendre pourquoi le Conseil a estimé tout à la fois que la loi dont il était saisi était *contraire* à la Constitution tandis que le droit positif alors en vigueur était *conforme* à la Constitution. C'est pourquoi il faut accorder attention à son second argument. Celui-ci est surprenant : « Considérant (…) que leur participation à l'élection des sénateurs sera d'autant plus déterminante que l'article 10 de la loi examinée étend à de nombreux départements l'élection des sénateurs au scrutin proportionnel » (cons. 7).

Il est a priori difficile de discerner le lien entre égalité devant le suffrage et mode de scrutin, en l'espèce de comprendre pourquoi l'extension de la représentation proportionnelle rendrait une meilleure représentativité du collège électoral sénatorial contraire à la Constitution. On soutiendrait volontiers le raisonnement inverse : le scrutin proportionnel a cette caractéristique que « chaque voix compte » et a pour effet d'assurer une meilleure représentation du corps électoral, tout comme la désignation de délégués sénatoriaux à hauteur d'un délégué pour 300 habitants aurait eu pour effet d'assurer une meilleure représentativité du collège électoral sénatorial. Extension de la proportionnelle et modification du collège électoral sénatorial étaient les deux facettes d'un projet visant à mieux assurer l'égalité devant le suffrage.

Pour mieux comprendre la position du Conseil, il faut se référer à un commentaire particulièrement autorisé de sa décision, celui de Jean-Eric Schoettl, qui était à l'époque son secrétaire général. Celui-ci écrit :

« La loi déférée ferait (du mode de désignation des sénateurs), pour une large part, une élection au troisième degré. Ils deviendraient des « élus d'élus d'élus ». En pratique, les sénateurs seraient les élus des partis politiques autant que ceux des collectivités territoriales, car il y a tout lieu de penser, surtout dans les communes urbanisées appelées à désigner un grand nombre de délégués supplémentaires, que ceux-ci seront des militants de partis politiques.

Ce phénomène serait accentué par le fait que la loi déférée étend à de nombreux départements le mode de scrutin proportionnel pour l'élection des sénateurs.

Or, si la Constitution reconnaît le rôle des partis politiques dans l'expression du suffrage (article 4), elle ne leur en confère aucun dans la désignation des sénateurs... »[19].

L'argument, s'il reflète bien la position du Conseil, laisse perplexe. Sur le plan juridique, il est évidemment erroné... sauf à considérer que les sénateurs ne sont pas des élus du suffrage. Le droit positif, en tous cas, les considère comme tels. Les lois sur le financement des partis politiques, qui tirent leur fondement de l'article 4 alinéa 3 de Constitution, ont mis sur pied une aide publique, dont la seconde fraction est justement calculée sur le nombre de députés... et de sénateurs.

Sur un plan qu'il faut bien qualifier de « politique », l'argument traduit une vision désuète, pour ne pas dire racornie, du jeu démocratique, en tous cas d'une forme de nostalgie de la « démocratie rurale » chère aux Opportunistes des débuts de la IIIe République - à une époque où, faut-il le préciser, les partis n'existaient pas. Il traduit, surtout, une méfiance à l'égard des partis, comme

---

[19] J.-E. Schoettl, Le mode d'élection du Sénat doit permettre d'assurer la représentation des collectivités territoriales de la République, *Les petites affiches*, 12 juillet 2000 (138), p.19

si le Conseil – ou en tous cas son commentateur autorisé – se faisait l'écho de la crise de la représentation qui agite le pays depuis des lustres ou, pour le moins, de l'antienne gaullienne contre « le système des partis ».

Enfin et surtout, l'argument est totalement inopérant. Si l'on comprend bien, la censure du Conseil repose sur le fait que, dans certains départements (dont le département des Hauts-de-Seine constitue l'exemple le plus emblématique), les délégués supplémentaires – désignés par les partis - constitueraient une part substantielle voire majoritaire du corps électoral, entraînant le risque que les sénateurs ne deviennent eux-mêmes les élus des partis. Mais, d'une part, dans les principaux départements concernés, la représentation proportionnelle s'appliquait déjà. Et, d'autre part, dans ces mêmes départements, le collège électoral sénatorial était déjà, dans une très grande majorité, composé de délégués issus des partis. Dans les Hauts-de-Seine, par exemple, 36 des 38 communes du département comptent plus de 10.000 habitants. A ce niveau démographique, le scrutin municipal met presque toujours en prise des listes investies ou soutenues par de grandes formations politiques. Le dispositif voté en 2000 aurait certes eu pour effet, dans les Hauts-de-Seine, de faire passer la part des délégués supplémentaires de 30 à 70 %, mais il n'aurait en rien accentué la politisation du collège électoral sénatorial, ni accentué l'emprise – déjà très forte - des partis sur les élus sénatoriaux. Il n'aurait en l'espèce que contribué à mieux représenter les communes les plus peuplées du département : Boulogne, Nanterre, Courbevoie, Colombes, Asnières, Rueil… soit au moins autant de communes de droite que de communes de gauche. S'il s'agissait, en fait, de s'opposer à un rééquilibrage politique du collège électoral sénatorial, on voit que les choses sont plus compliquées qu'il n'y paraît.

On en revient alors à l'argument essentiel de la décision : le principe de représentation des collectivités territoriales. Mais celui-ci existe-t-il vraiment ?

Tableau 4 : Part des délégués supplémentaires selon la tranche de taille des communes (avant la loi du 2 août 2013)

		1 délégué sup. pour 1.000 habs au-dessus de 30.000 habs Ordonnance du 15 novembre 1958			**1 délégué pour 300 habs Petite loi de 2000**
Tranche	Nb délégués	Nb délégués sup.	Nb total délégués	**% délégués sup.**	**% délégués sup.**
30 à 40.000 habs	3237	323	3560	**9,1%**	**> 68 %**
80 à 100.000 habs	848	923	1771	**52,1%**	**> 83 %**
+ 200.000 habs	853	5786	6639	**87,2%**	**>90 %**

Source : Etude d'impact du projet de loi relatif à l'élection des sénateurs, 18 février 2013

II. A la recherche du principe de représentation des collectivités territoriales

Le « principe de représentation des collectivités territoriales » est évoqué comme un mantra au palais du Luxembourg. Comme le rappelait récemment J.-F. Sirinelli, lors d'un colloque consacré au cinquantième anniversaire du Sénat de la Ve République, Jean Mastias soulignait déjà en 1980 « que même si ce n'est pas vrai, on ne peut lire vingt pages du Journal Officiel sans tomber sur un sénateur ou un autre qui va, quand même, invoquer la vocation territoriale de la Haute assemblée »[20]. Trente-cinq ans plus tard, le diagnostic n'a pas changé, bien au contraire. Les sénateurs continuent à évoquer régulièrement ce fameux principe. L'institution sénatoriale le met elle-même en avant dans sa communication officielle, en mêlant habilement le mode d'élection des sénateurs et l'article 39 C. issu de la révision de 2003, ce qui renseigne au moins autant sur la manière dont les sénateurs se voient eux-mêmes que sur les axes de communication de la Haute Assemblée[21].

Mais le Sénat et les sénateurs ne sont pas les seuls à évoquer ce « principe ». Les députés eux-mêmes y font désormais référence[22]. Dans son commentaire de la décision du 6 juillet 2000, le secrétaire général du conseil constitutionnel évoque « le principe de représentation des collectivités territoriales énoncé à l'article 24 de la Constitution ». Et la doctrine universitaire semble l'avoir consacré[23].

---

[20] « Le Sénat de la Ve République. Les cinquante ans d'une assemblée bicentenaire », session II : Le temps des défis, *Sénat*, 3 juin 2009 : http://www.senat.fr/colloques/colloque_cinquante_ans_senat/colloque_cinquante_ans_senat3.html

[21] « La représentation des collectivités territoriales ». http://www.senat.fr/role/fiche/coll_loc.html
Consulté le 8 janvier 2016.

[22] Voir, par exemple, J. Bignon, Rapport n° 1000 sur 1. La proposition de loi organique, adoptée par le Sénat (n° 936), portant réforme de la durée du mandat et de l'âge d'éligibilité des sénateurs ainsi que de la composition du Sénat ; 2. La proposition de loi, adoptée par le Sénat (n° 937), portant réforme de l'élection des sénateurs, *Assemblée Nationale*, 4 juillet 2003, p. 6.

[23] Voir, par exemple, F. Robbe, *La représentation des collectivités territoriales par le Sénat - Etude sur l'article 24, alinéa 3, de la Constitution française du 4 octobre 1958*, LGDJ, 2001.
F. Robbe : « La représentation des collectivités territoriales par le Sénat », In: *Annuaire des collectivités locales*. Tome 20, 2000. La réforme de l'intercommunalité. pp. 625-632.

Deux arguments reviennent en boucle, pour justifier l'existence de ce principe. Le premier est d'ordre historique : le Sénat serait, depuis Gambetta, le « Grand conseil des communes de France » (A). Le second est d'ordre constitutionnel, et tient à la rédaction de l'article 24 C (B). Aucun de ces deux arguments n'est, pourtant, en mesure d'emporter la conviction.

A. Le mirage gambettiste

C'est lors du fameux discours de Belleville, prononcé le 23 avril 1875, que Gambetta évoque le « Grand conseil des communes françaises ». Ce discours est toujours sollicité aujourd'hui comme fondement historique du principe de représentation des collectivités territoriales. En 2009, Alain Delcamp, alors secrétaire général du Sénat, l'avait longuement cité dans une communication sur le sujet lors d'une convention organisée par l'Association des secrétaires généraux parlementaires :

« *Je veux que vous saisissiez bien quel admirable instrument d'ordre, de paix, de progrès démocratique cette intervention de l'esprit communal dans le règlement des affaires politiques peut procurer à la France... (L'esprit communal) est ce qu'il y a de plus démocratique en France, ce qui constitue les entrailles mêmes de la démocratie : l'esprit communal, c'est-à-dire les trente-six mille communes de France* ».

Et A. Delcamp d'en déduire, quelques lignes plus loin : « On peut sans doute considérer que le principe de la représentation des collectivités territoriales par le Sénat,

---

S. Lamouroux : « Les relations entre le Sénat et la décentralisation (1969-2003) », *VIe Congrès Français de Droit Constitutionnel* organisé par l'Association Française des Constitutionnalistes à Montpellier les 9, 10 et 11 juin 2005, p. 8.
http://www.droitconstitutionnel.org/congresmtp/textes6/LAMOUROUX.pdf

au-delà même de la lettre de la constitution actuelle, constitue de ce fait un principe fondamental de notre organisation constitutionnelle et une spécificité du bicamérisme français »[24].

Pour être exacte, la citation est néanmoins incomplète. La citation intégrale est la suivante :

« *C'est ici, Messieurs, que je veux arrêter votre attention. Je veux que vous saisissiez bien quel admirable instrument d'ordre, de paix, de progrès démocratique cette intervention de l'esprit communal dans le règlement des grandes affaires politiques peut procurer à la France. J'ai longtemps hésité, tout d'abord, à croire que l'Assemblée certainement la plus monarchique, la plus... comment dirais-je ? ... la moins laïque... (Hilarité prolongée) qu'ait eue la France, imbue des préjugés du gouvernement oligarchique, j'hésitais à croire que cette Assemblée, ayant à constituer une seconde Chambre, en arriverait à lui donner pour point de départ, quoi ? Ce qu'il y a de plus démocratique en France, ce qui constitue les entrailles mêmes de la démocratie : l'esprit communal, c'est à dire les trente-six mille communes de France.* » Et d'ajouter plus loin : « *Voyez ces communes éveillées à la vie politique, se groupant, se réunissant, se renseignant, s'informant, délibérant, déléguant leurs hommes ; ceux-ci s'assemblant au chef-lieu du département, faisant prévaloir leurs volontés, lesquelles seront, le jour de l'élection, ce qu'elles auront été la veille. Après la délibération commune, que va-t-il sortir des urnes ? Un Sénat ? Non, citoyens, il en sortira le Grand Conseil des Communes françaises* ».

---

[24] A. Delcamp, La représentation des collectivités territoriales par le Sénat français, *Association des secrétaires généraux parlementaires*, octobre 2009
Consultable en ligne : http://www.asgp.co/fr/node/30329

Citer intégralement Gambetta permet, d'une part, de rappeler que celui-ci a longtemps été hostile au Sénat (voir son discours à l'Assemblée de mars 1873) et qu'il ne s'y est rallié que tardivement. Cela permet de saisir, d'autre part, que le discours de Belleville ne prétend pas décrire le nouveau dispositif institutionnel, mais convaincre le camp Républicain des vertus du compris noué avec les monarchistes, à parti d'un acte de foi. Pour Gambetta, le Sénat n'est pas « le Grand Conseil des Communes Françaises » ; il le deviendra. Gambetta fait donc un pari (tandis que les monarchistes font le pari inverse) : l*es Républicains doivent avoir confiance dans l'expression du collège électoral - composé essentiellement d'élus communaux – qui, pense-t-il (ou espère-t-il ?), accouchera d'un Sénat républicain. C'est tout le sens de l'expression utilisée à dessein par Gambetta, qui a une signification politique précise. Il joue ici avec les mots de Broglie, qui avait échoué l'année précédente à faire voter par l'Assemblée la création d'un « Grand Conseil » qui aurait fait contrepoids à la Chambre. En espérant que l'esprit républicain soufflera sur le collège électoral, il croit en l'avènement d'un Sénat qui n'aurait justement rien à voir avec la seconde chambre imaginée par Broglie, qu'il avait vivement combattue en mars 1873*[25].

---

[25] *« Eh bien, je le dis hautement, il peut y avoir dans cette enceinte des gens qui agissent conformément à leurs traditions, en préparant une seconde chambre, en voulant mutiler le suffrage universel. Ceux-là, héritiers ou représentants d'un passé qui a la haine, l'horreur de la démocratie, ils sont conséquents avec eux-mêmes.*
Mais il en est, au contraire, qui ne sont rien que par le peuple ou pour le peuple... qui sortent du suffrage universel, qui doivent le défendre, parce qu'on ne comprend pas la démocratie, parce qu'on ne comprend pas la République sans le suffrage universel : ce sont deux termes indivisiblement liés l'un à l'autre, et livrer le suffrage universel, c'est livrer la République ».
http://www.senat.fr/evenement/archives/D17/gambetta.html

Il suffit d'ailleurs de rappeler les dispositions de la loi du 24 février 1875 pour se convaincre que les constituants n'ont jamais entendu faire du Sénat le « représentant » des collectivités territoriales.

Article 1 : « Le Sénat se compose de trois cents membres : deux cent vingt-cinq élus par les départements et les colonies, et soixante-quinze élus par l'Assemblée nationale ».

Article 4 : « Les sénateurs des départements et des colonies sont élus à la majorité absolue, et, quand il y a lieu, au scrutin de liste, par un collège réuni au chef-lieu du département ou de la colonie, et composé :

1° des députés ;

2° des conseillers généraux ;

3° des conseillers d'arrondissement ;

4° des délégués élus, un par chaque conseil municipal, parmi les électeurs de la commune ».

La présence des « inamovibles » au Sénat et celle, au sein du collège électoral, des députés et des conseillers d'arrondissements montrent, s'il faut encore y insister, que la question de la représentation des collectivités n'a jamais été soulevée par les constituants. Les enjeux étaient bien évidemment ailleurs, comme le rappellent également les débats soulevés par la révision de 1884, cités plus haut.

Plus intéressante est la question de l'usage rétrospectif de la formule de Gambetta par les promoteurs du principe de représentation des collectivités territoriales, et du rôle qu'a joué cette formule dans la construction de ce principe.

Puisqu'il est absurde de le faire remonter à la constitution de 1875 et plus encore à celle de 1946, celui-ci ne peut s'appuyer que sur l'article 24 de la constitution de 1958. Il postule une rupture entre la Ve République et les régimes antérieurs. Cette rupture, pourtant, n'existe pas.

B. La fausse rupture de 1958

Les tenants du principe de représentation des collectivités territoriales s'appuient sur la rédaction de l'article 24 C. En 1946, la constitution précisait que les deux Chambres étaient élues « sur une base territoriale, l'Assemblée nationale au suffrage universel direct, le Conseil de la République par les collectivités communales et départementales, au suffrage universel indirect » (article 6 al. 2). Sur ce fondement, la loi du 27 octobre 1946 prévoyait que les 200 membres « élus par les collectivités territoriales » l'étaient par un collège électoral composé pour l'essentiel de « délégués désignés dans chaque canton par le suffrage universel, à raison d'un délégué par 300 électeurs inscrits ou fraction de 300 ». La loi du 23 septembre 1948 renoue avec les principes posés en 1875 et 1884 qui permettaient au Sénat d'être l'expression de la « démocratie rurale », chère à Jules Ferry : les conseils municipaux désignent à nouveau des délégués en fonction de leur population. Le système des « délégués supplémentaires » est instauré, à raison d'un délégué pour 5.000 habitants dans les communes de plus de 45.000 habitants.

En prévoyant que « le Sénat assure la représentation des collectivités territoriales », les constituants de 1958 ont-ils entendu aller plus loin et affirmer que le Sénat procède non seulement des collectivités territoriales, mais que celui-ci a vocation à les représenter, c'est-à-dire à prendre part au processus législatif en leur nom ? Dans ce cas, on pourrait, d'une part, en déduire que le collège électoral sénatorial doit être composé *essentiellement* pour ne pas dire *exclusivement* d'élus locaux et, d'autre part, que le Sénat, doit jouer un rôle particulier dans le processus législatif, ce que semble accréditer la révision constitutionnelle de 2008, et notamment la nouvelle rédaction de l'article 39 C, qui précise désormais que « les projets de loi ayant pour principal objet l'organisation des collectivités territoriales sont soumis en premier lieu au Sénat ».

Telles ne semblent pas, pourtant, avoir été les intentions des rédacteurs de la Constitution.

A l'été 1958, la principale question débattue est celle d'un Sénat « à deux sections », l'une d'entre elles comprenant exclusivement des élus d'outre-mer, conformément au schéma de révision élaboré par Michel Debré en 1948 et aux intentions exprimées par de Gaulle dès le 6 juin 1958[26].

Les premières versions qui circulent traduisent cette intention, avec deux écritures successives. La version du 27 juin 1958 est rédigée ainsi :

« *Le Sénat est élu par un collège électoral représentant les collectivités territoriales.*

Il comprend deux chambres. L'une est composée des sénateurs élus dans les départements de la métropole, d'Algérie et d'outre-mer. L'autre est composé des sénateurs élus dans les collectivités d'outre-mer. .... »[27].

Dans cette première occurrence du verbe « représenter », c'est le collège électoral qui « représente » les collectivités territoriales, c'est-à-dire qui en est le reflet, et non le Sénat qui représente les collectivités, au sens fort du terme.

Le premier avant-projet de constitution, rédigé vers le 10 juillet 1958, fusionne les deux alinéas, en supprimant la

---

[26] D. Maus, « Le Sénat » in D. Maus, L. Favoreu et J.-L. Parodi, *L'écriture de la Constitution de 1958,* Economica - PUAM, 1992, p. 418.

[27] *Documents pour servir à l'histoire de l'élaboration de la constitution du 4 octobre 1958*, La documentation française, tome 1 : Des origines de la loi constitutionnelle du 3 juin 1958 à l'avant-projet du 29 juillet 1958, Paris, La Documentation française, 1987, p. 299.

précision selon laquelle le Sénat « est élu par un collège électoral représentant les collectivités territoriales » :

« *Le Sénat comprend deux Chambres. L'une est composée de sénateurs élus dans les départements et les communes. L'autre est composée de sénateurs élus dans les collectivités d'outre-mer.*

Les Français résidant hors de France peuvent être représentés au Sénat.

Les deux Chambres sénatoriales siègent ensemble pour l'examen des affaires communes »[28].

L'esprit de l'avant-projet dans sa version du 15 juillet 1958 (dite de La Celle Saint-Cloud) est identique, même si sa rédaction est un peu différente (la référence aux « deux Chambres » disparaît) :

« *Les sénateurs sont élus par les départements, les communes et les territoires d'outre-mer, les Français résidant hors de France sont représentés au Sénat. Les élus des départements et des communes délibèrent séparément sur les affaires qui ne concernent pas directement les territoires d'outre-mer* »[29].

C'est alors que se joue la rédaction définitive du futur article 24 C. Dans un premier temps, le groupe de travail suggère, le 16 juillet, de « *supprimer la référence aux communes (pour ne pas paraître écarter les communes ou autres collectivités locales d'outre-mer)* » et propose une nouvelle rédaction : « Les sénateurs sont élus par les départements et par les territoires d'outre-mer » [30]. Mais, dans un second temps, le 19 juillet, probablement parce que la seule mention des départements semblait exclure les communes, une nouvelle rédaction est proposée. La notion de « collectivités territoriales » est réintroduite et la formulation change :

---

[28] DPS, *op. cit.*, p. 419.
[29] DPS, *op. cit.*, p. 432.
[30] DPS, *op. cit.*, p. 444.

« *Le Sénat assure la représentation des collectivités territoriales de la République et celle des territoires qui font partie de la Fédération ; les Français résidant hors de France sont représentés au Sénat. Les élus des départements et des territoires d'outre-mer de la République délibèrent séparément sur les affaires qui leur sont propres* »[31].

C'est ici qu'apparait la formulation définitive du futur article 24 C. : « Le Sénat assure la représentation... », sans que pour autant les intentions des constituants n'aient changé sur ce point. Comme le précise l'exposé des motifs de l'avant-projet de constitution du 29 juillet 1958 : « *L'Assemblée nationale est élue au suffrage universel direct. Le Sénat est l'émanation des collectivités territoriales...* »[32].

« Le Sénat est l'émanation des collectivités territoriales ». Telle est l'unique signification de l'expression utilisée par l'article 24 C, qui n'a que pour objet de préciser les conditions dans lesquelles le Sénat est élu au suffrage indirect. La constitution de 1958 s'inscrit donc sur ce point, en dépit de la différence de rédaction, dans le strict prolongement de celle de 1946. Tout le reste relève de la pure construction doctrinale ou, plus sûrement, de l'interprétation du conseil constitutionnel qui, pour être « authentique », n'en est pas moins contestable.

Conclusion

Au terme de cette rapide étude, plusieurs conclusions s'imposent.

---

[31] DPS, *op. cit.*, p. 461.

[32] DPS, *op. cit.*, p. 523.

Le Sénat de la IIIe République n'a jamais été pensé comme le « Grand conseil des communes de France », pas même dans l'esprit de Léon Gambetta ni, encore moins, dans celui de Jules Ferry.

Au début de la IVe République, les délégués des communes n'étaient plus désignés par les conseils municipaux, mais élus au suffrage universel direct. Le collège électoral sénatorial issu de la loi du 27 octobre 1946 respectait le principe d'égalité devant le suffrage, à raison d'un délégué pour 300 habitants.

Le principe de représentation des collectivités territoriales est une construction doctrinale récente, essentiellement fondée sur la décision du Conseil de juillet 2000 qui interprète de manière extensive pour ne pas dire contestable l'article 24 C, en faisant fi des débats constitutionnels de l'été 1958 et de la façon dont la constitution a été écrite.

Ce principe qui n'en est pas un n'a pas non plus de valeur descriptive. Il ne rend pas compte du droit positif dans la mesure où la représentativité du collège électoral sénatorial n'est pas assurée : le collège ne représente fidèlement (au sens de la représentation « miroir ») ni les catégories de collectivités, ni les collectivités territoriales ; il ne respecte pas non plus le principe d'égalité devant le suffrage.

La seule intention des constituants était de rappeler que « le Sénat est l'émanation des collectivités territoriales ». La présence des députés – depuis l'origine - au sein du collège est, au surplus, un anachronisme. Alors que la commission Jospin avait préconisé de les priver de leur qualité de « grands électeurs », la loi du 2 août 2013 n'en a rien fait. Elle a préféré conférer également cette qualité aux sénateurs. L'incongruité s'est ajoutée à l'anachronisme.

Last but not the least, il serait temps de réformer profondément la composition du collège électoral, pour quitter définitivement les rives de la « démocratie rurale » chère à Jules Ferry. Dans la mesure où l'on imagine mal le Sénat consentir à une profonde réforme de son propre mode d'élection, les voies de la révision constitutionnelle semblent particulièrement aléatoires. Pour ne pas bloquer toute évolution, le conseil constitutionnel serait bien inspiré de revenir sur sa décision malheureuse de juillet 2000.

Les différenciations statutaires entre collectivités territoriales de la République

Olivier Gohin
Professeur à l'Université Panthéon-Assas (Paris II)
Directeur de l'Institut de Préparation à l'Administration Générale de Paris
Vice-Président de l'Association française de droit des collectivités locales

Unité, unitarité, indivisibilité, égalité, on comprend bien que ces termes du droit public français fonctionnent ensemble. Le droit institutionnel d'un Etat unitaire est normalement simple dès lors qu'il est nécessairement mono-constitutionnel et mono-législatif même si la complexité peut soudain émerger, mais dans le droit administratif, en principe, celui de la déconcentration ou de la décentralisation.

Lorsque la réforme de l'Etat était en œuvre, dans la France des contradictions révolutionnaires, puis de la synthèse consulaire, n'était-elle pas aussi, et surtout, entre 1789 et 1800, c'est-à-dire en une dizaine d'années seulement, une réforme profonde de l'organisation des pouvoirs publics locaux tandis que les mouvements de déconcentration et de décentralisation, ici seuls pris en compte, parvenaient déjà à se stabiliser, dans leurs structures, même s'ils tardaient encore à se distinguer, dans leurs fonctions ?

Aux paroisses de la France rurale et aux villes à plusieurs paroisses auront ainsi succédé les communes, celles de la loi du 14 décembre 1789 initialement, sans que les multiples tentatives de regroupement, des municipalités de cantons de la Constitution du 22 août 1795 aux métropoles dérogatoires de la loi portant modernisation de l'action publique territoriale et affirmation des métropoles (MAPTAM) du 27 janvier 2014, soient encore parvenues à réduire, de façon volontaire ou forcée, l'excessif morcellement de la carte communale, depuis plus de deux siècles. C'est là le premier obstacle encore à surmonter de toute réforme territoriale qui se heurte, en France, au tabou politique de la préservation de près de 37 000 collectivités territoriales de base : l'égalité locale, n'est-ce pas, au premier chef, ce nivellement par le statut communal qui permet, à plus de la moitié des communes françaises, de ne pas avoir 500 habitants ? Tous les maires, pareillement invités au grand banquet national du 22 septembre 1900, ne sont-ils pas, tous les six ans, membres du collège électoral des sénateurs des départements ou des collectivités assimilées ?

Les départements, initialement créés par la loi du 22 décembre 1789, huit jours seulement après les communes, sont une autre manifestation claire de cet Etat unitaire, à commencer par cette dénomination dans la division du Royaume qui pourrait se réclamer, avec anachronisme, d'une technocratie uniformisante. Car, si ces nouvelles collectivités sont les rescapés du carroyage du plan du représentant de Rouen Jacques-Guillaume Thouret et si le découpage finalement décidé combine, avec subtilité et sans artifice, délimitation des évêchés et carte des intendances, en principe, il n'en reste pas moins que la règle retenue pour les délimiter est l'aller-retour à cheval, de la limite du département au chef-lieu dans la journée, ce qui en fait, aujourd'hui, au temps des chevaux fiscaux, une collectivité de proximité.

Que l'on évoque ou non la part de jacobinisme qu'il peut y avoir, non sans caricature, dans la reconstruction consulaire ou napoléonienne, il reste que la verticale de l'unitarisme qui va de l'Etat aux communes, *via* les départements, est bien le schéma maintenu dans le droit constitutionnel contemporain, en métropole et dans la partie assimilée de son outre-mer, selon le schéma de la Constitution de 1946[1], repris dans la Constitution initiale de 1958[2]. Mais, cette verticale est biaisée par la diagonale du fédéralisme qui va de l'Union européenne aux intercommunalités, *via* les régions.

Or, la constitutionnalisation discontinue des départements qui remonte à la Constitution de l'an III[3] s'inscrit aussi dans une répartition fondée sur un critère, non plus démographique, comme dans la loi du 24 février 1875 relative à l'organisation du Sénat[4], mais géographique par la sous-distinction entre départements d'outre-mer, explicitement, et, départements métropolitains[5], implicitement.

Sur la base du refus de continuer à confondre unité et uniformité, avec la volonté du président Jacques Chirac exprimée en 2000, d'entrer dans le vaste champ des statuts « *sur mesure* »[6], à commencer par les outre-mers français, la révision opérée par la loi constitutionnelle du 28 mars

---

[1] Const. de 1946, art. 73.

[2] Const. de 1958, art. 73.

[3] Const. du Directoire (5 fructidor an III), titre Ier : Division du territoire, art. 3 à 7.

[4] Loi const. 24 févr. 1875, art. 1er et 2.

[5] La notion de métropole qui figurait dans la Constitution de 1946, aux art. 67 et 80, réapparaît dans la Const. de 1958, à l'occasion de la révision opérée par la loi const. du 28 mars 2003 (art. 74-1, al. 1er).

[6] Jacques Chirac, discours de Madiana (Martinique), le 11 mars 2000 : « *Ma conviction est que les statuts uniformes ont vécu et que chaque collectivité d'outre-mer doit pouvoir désormais, si elle le souhaite, évoluer vers un statut différencié, en quelque sorte, un statut sur mesure* ».

2003, telle que renforcée par la loi constitutionnelle du 23 juillet 2008, joue un rôle essentiel dans les différenciations statutaires entre collectivités territoriales de la République.

Le recours à la révision aura ainsi permis de surmonter quelques blocages de la jurisprudence, à commencer par le refus, fondé sur la décision du Conseil constitutionnel en date du 2 décembre 1982, de l'assemblée délibérante unique, telle que « *le conseil général et régional* » prévu sur le même territoire d'un département et d'une région d'outre-mer par le motif que son élection à la représentation proportionnelle, et non au scrutin majoritaire, « *confère à cette assemblée une nature différente de celle des conseils généraux (...) au-delà des mesures d'adaptation que l'article 73 de la Constitution autorise en ce qui concerne l'organisation des départements d'outre-mer* » [7].

On observera, en contrepoint, que, depuis 2003, cette évolution statutaire vers toujours plus de diversification entre collectivités territoriales, en métropole comme outre-mer, peut ou même doit passer, parfois, par le recours particulièrement hasardeux à la consultation facultative ou obligatoire de la population concernée, pour valider ou non, ces différenciations statutaires.

On vérifie donc que les collectivités territoriales peuvent être et sont largement différenciées, en France, ce que l'on peut identifier sous trois angles distincts : la configuration (**I**), la normativité (**II**) et la compétence statutaires (**III**).

---

[7] CC, 2 déc. 1982, *Organisation des départements et régions d'outre-mer*, déc. 82-147 DC, *Rec.* 70, consid. 5 ; *Rev. adm.* 1982. 620, note Etien ; *RDP* 1983. 333, note Favoreu ; *RFAP* 1983. 24, note Fortier.

I. La différenciation dans la configuration statutaire

En quoi les collectivités territoriales de la République se différencient-elles ? D'abord, par la capacité où les publicistes se trouvent de les répartir entre catégories statutaires (**A**) encore que cet exercice de classification soit peu performant en raison du nombre et de la variété des collectivités hors catégories statutaires (**B**).

A. Les collectivités territoriales de catégories statutaires

De façon constante depuis la Constitution de 1946, deux catégories constitutionnelles sont identifiées, celle des communes et celle des départements, laquelle se subdivise, depuis 1946 également, en deux sous-catégories constitutionnelles, l'une explicite : les départements d'outre-mer (DOM) et l'autre implicite les départements métropolitains, ceux de la France métropolitaine, y compris le territoire de Belfort, départementalisé depuis la loi de finances du 31 décembre 1921 et le décret du 18 février 1922. Dès lors, la suppression de tous les départements français - envisagée, avec légèreté, en 2014[8] - suppose la révision de la Constitution alors que la suppression ou la division de tel ou tel d'entre eux relève de la loi, telle que la loi du 15 mai 1975 qui recrée deux départements, en Corse.

Aux communes et départements, il faut ajouter les régions, catégorie législative étendue à toutes les régions françaises, depuis l'élection au suffrage universel direct de l'ensemble des conseils régionaux en mars 1986, avant

---

[8] Le Premier ministre Manuel Valls déclarait, à la tribune de l'Assemblée nationale, le 8 avr. 2014 : « *Mon dernier objectif consiste à engager le débat sur l'avenir des conseils départementaux. Je sais qu'un tel débat prendra du temps, mais je vous propose leur suppression à l'horizon 2021* ».

que le pouvoir de révision n'en fasse une catégorie constitutionnelle à l'occasion de la réforme précitée de 2003 avec, là encore deux sous-catégories constitutionnelles, l'une explicite : les régions d'outre-mer (ROM) qui concernent, de façon résiduelle, la Guadeloupe et La Réunion, en conséquence de la loi du 27 juillet 2011, et l'autre implicite : les régions de métropole qui sont, à présent, les douze régions de la France continentale, si mal délimitées par la loi du 16 janvier 2015[9].

La matière constitutionnelle est-elle épuisée par le triptyque communes, départements et régions ? Non, dès lors que l'accord de Nouméa du 5 mai 1998, publicisé et constitutionnalisé, mentionne, à huit reprises, les *provinces* de la Nouvelle-Calédonie dont la loi organique du 19 mars 1999 fait « *des collectivités territoriales* » de la République[10].

B. Les collectivités territoriales hors catégories statutaires

Mais, ces catégories constitutionnelles sont loin de rendre compte de la diversité des collectivités territoriales de la République qui estompe largement le prétendu schéma jacobin sur lequel la France territoriale serait encore et toujours construite. Il faut envisager, en effet, une prescription de l'article 72, alinéa 1er de la Constitution dont le champ d'application n'est pas des plus clairs : « *Toute autre collectivité territoriale est créée par la loi* », dispositif d'assouplissement qui remonte à 1958 et qui a été appliqué, par exemple, à la ville de Paris, entre 1964 et 1975, avant que la révision de 2003 ne

---

[9] Huit régions au Nord de la ligne La Rochelle-Genève et quatre au Sud. Le découpage retenu répond aussi à des considérations électorales, en particulier dans l'Ouest français.

[10] Loi org. du 19 mars 1999, art. 3.

vienne préciser : « *le cas échéant, en lieu et place d'une ou de plusieurs collectivités mentionnées au présent alinéa* », c'est-à-dire communes, départements ou régions, comme cela aura été tenté, en Alsace, en avril 2013. Cette clarté est d'autant plus réduite que la Constitution n'envisage que deux hypothèses de statuts qui se différencient du droit commun des communes, départements ou régions : explicitement, mais on ne sait pour quelle collectivité territoriale, un statut particulier, à l'article 72-1, alinéa 3, de même que, implicitement, pour les collectivités d'outre-mer (COM) de l'article 74, un statut de base (al. 1er) et un statut d'autonomie (al. 7).

Par combinaison malaisée de ces dispositions, on doit envisager, principalement, quatre cas de figure, selon que le statut est dérogatoire (1°) ou particulier (2°) ou de base (3°) ou encore d'autonomie (4°).

1° Le statut dérogatoire est celui fixé par la loi à des collectivités qui ne sont ni à statut particulier ni des COM de l'article 74.

a) Il peut s'agir de collectivités territoriales de métropole :

- c'est le cas, sur le fondement du droit local, des communes d'Alsace-Moselle ;
- c'est le cas, sur le fondement de la loi du 31 décembre 1975, du département de Paris dont l'assemblée délibérante est le Conseil de Paris que le Conseil d'Etat présente comme « *une assemblée délibérante de nature particulière* »[11] alors qu'il s'agit d'un conseil municipal, et dont l'exécutif est le maire de Paris, exécutif de la commune de Paris ;

[11] CE, 14 mars 1980, *Élections au Conseil de Paris*, *Rec.* 150 ; *AJDA* 1980.531, note Goyard.

- c'est le cas, sur le fondement de la loi du 31 décembre 1982, des communes de Paris, Lyon et Marseille dès lors que leur statut combine, dans les arrondissements ou secteurs, la décentralisation institutionnelle et la déconcentration fonctionnelle ;

b) il peut s'agir aussi de collectivités territoriales uniques (CTU) d'outre-mer, de l'article 73, alinéa 7 de la Constitution, qui réalisent, chacune, la fusion du département et de la région sur le même territoire : c'est ce qui a été tenté, en vain, en Guadeloupe et en Martinique, en 2003, mais, avec succès, en Guyane et en Martinique, en 2010, sans que ces deux nouvelles CTU forment ensemble une catégorie, à elles deux : la loi du 27 juillet 2011 codifiée est relative successivement à la Guyane[12] et à la Martinique[13], avec, par exemple, des institutions exécutives substantiellement différentes[14].

On observera que cette formule de la CTU est transposable, au coup par coup, en métropole, sur la base de l'article 72 précité, telle que révisé en 2003. Mais, la création d'une nouvelle collectivité territoriale de Corse, en lieu et place de l'actuelle collectivité territoriale et des deux départements corses, a échoué en 2003 ; de même, la création d'une collectivité territoriale d'Alsace, en lieu et place de l'ancienne région Alsace et des deux départements alsaciens, a échoué en 2013.

---

[12] CGCT, art. L. 7111-1 à 71-123-1, hors dispositions communes du livre III de la septième partie.

[13] CGCT, art. L. 7211-1 à 72-112-1, hors dispositions communes du livre III de la septième partie.

[14] L'exécutif est assuré par le président de l'Assemblée de Guyane, à Cayenne, et par un conseil exécutif, distinct de l'Assemblée de Martinique, à Fort de France ; à ce sujet, Olivier Gohin et *al, Droit des collectivités territoriales, Paris, Cujas, coll. Référence,* 2 e éd., 2015,, p. 328-331.

2° le statut particulier est le statut dérogatoire, dans le champ de l'article 72, que la loi qualifie de « *particulier* » ; ou bien il est le statut dérogatoire, hors champ de l'article 72, fixé hors loi ordinaire et hors COM de l'article 74 :

- tel est, d'abord, dans le champ de l'article 72, le cas du statut de l'actuelle collectivité territoriale de Corse[15], fixé par la loi du 13 mai 1991 précitée et modifiée par la loi du 22 janvier 2002. Cette qualification ne résulte pas explicitement de la loi statutaire. Elle est en provenance, explicitement, de la loi antérieure du 30 juillet 1982 portant statut particulier de la région de Corse et, implicitement, de la révision postérieure de la Constitution, sur la base de l'article 72-1, alinéa 3 précité en tant qu'il se rapporte, notamment, à la collectivité territoriale de Corse. C'est ce qui résulte des travaux préparatoires de la loi constitutionnelle du 28 mars 2003 et c'est ce que vérifie le recours régulier à ce dispositif, à l'occasion de la consultation des électeurs inscrits en Corse, le 6 juillet 2003, visant à créer, mais en vain, une seconde collectivité territoriale, par fusion de la première et des deux départements corses ;
- tel est, ensuite, dans le même champ, le cas de la métropole de Lyon même si, contrairement à la Corse, en 2003, le législateur s'est bien gardé de recourir à la consultation facultative de l'article 72-1, alinéa 3 de la Constitution. L'article L. 3611-1 du Code général des collectivités territoriales, issu de l'article 26 de la loi

[15] La Corse est bien en métropole, malgré la rédaction malheureuse du décret n° 2015-1475 qui déclare l'état d'urgence « *sur le territoire métropolitain et en Corse* ».

MAPTAM du 27 janvier 2014 précité, dispose qu' « *il est créé une collectivité à statut particulier, au sens de l'article 72 de la Constitution, dénommée* "métropole de Lyon", *en lieu et place de la communauté urbaine de Lyon et, dans les limites territoriales précédemment reconnues à celle-ci, du département du Rhône* » ;

- tel est enfin, hors champ de l'article 72, le cas des quatre collectivités territoriales calédoniennes qui relèvent de textes constitutionnels (l'accord de Nouméa du 5 mai 1998 et l'article 77 nouveau de la Constitution, issu de la loi constitutionnelle du 20 juillet 1998), ainsi que de la loi organique statutaire du 19 mars 1999 précitée : les trois provinces Sud, Nord et îles Loyauté et la Nouvelle-Calédonie, si on veut bien l'admettre, non comme une « *collectivité* »[16], mais comme une collectivité territoriale, d'ailleurs représentée, comme telle, au Sénat.

3°Le statut de base, fixé par la loi organique, à l'exception non résorbée des îles Wallis-et-Futuna[17], se réalise dans le cas des COM de l'article 74 qui ne sont, en aucune façon, une catégorie constitutionnelle[18] alors même que c'est « *chacune d'entre elles* » qui dispose de son statut de base,

---

[16] CE Sect., 13 déc. 2006, *Genelle*, *JCP A* 2007, 2004, concl. Verclytte et p. 43-46, note Gohin ; *RFDA* 2007. 18, concl. Verclytte ; *AJDA* 2007. 363, chron. Lenica et Boucher ; *D.* 2007. 1175, note Verpeaux.

[17] Loi statutaire du 29 juil. 1961.

[18] Cette idée fausse, largement répandue, tiendrait au fait que les COM auraient succédé aux TOM de l'art. 74 alors que l'on peut être COM sans avoir été COM : par ex., la COM de Saint-Martin, créée par la même loi org. du 21 févr. 2007, est issue d'une commune du DOM de la Guadeloupe.

comme c'est le cas de Saint-Pierre-et-Miquelon, par exemple, depuis la loi organique du 21 février 2007 ;
4° Le statut d'autonomie ajoute aux éléments du statut de base des alinéas 3 à 6 de l'article 74 tout ou partie des éléments d'autonomie des alinéas 8 à 11 du même article pour former un statut d'autonomie, total ou partiel. C'est ainsi que le statut d'autonomie de la Polynésie française, seul dans son cas, est total, sur le fondement de la loi organique du 27 février 2004 modifiée, alors que, par exemple, celui de Saint-Barthélemy est partiel, sur le fondement de la même loi organique du 21 février 2007[19].

II. La différenciation dans la normativité statutaire

Par quoi les collectivités territoriales de la République se différencient-elles ? A travers la normativité statutaire, on identifie, dans les outre-mers français, la diversité des normes applicables (**A**) ainsi que la part variable du droit national (**B**).

A. La diversité des normes applicables

La norme de principe, dans le droit de la décentralisation, c'est la loi parce que c'est à la loi d'organiser l'exercice d'une liberté fondamentale, ici la libre administration des collectivités territoriales. Et c'est la loi, en effet, qui crée une collectivité territoriale au sein d'une catégorie constitutionnelle, telle que le département de Mayotte par la loi du 7 décembre 2010 ou qui crée

[19] Pour être complet, il faut ajouter que les Terres australes et antarctiques françaises « *forment un territoire d'outre-mer possédant l'autonomie administrative et financière* », ce qui ne saurait suffire à en faite une collectivité territoriale, en l'absence de population permanente et donc d'assemblée délibérante. On est donc ici, hors sujet, en présence d'un établissement public territorial.

« *toute autre collectivité territoriale* », de l'article 72, alinéa 1er, hors catégorie constitutionnelle, telle que la métropole de Lyon par la loi du 27 janvier 2014 précitée. On ajoutera la réglementation, qu'elle soit dérivée de la loi ou qu'elle soit autonome et locale, telle que garantie par le dispositif de l'alinéa 3 de l'article 72, révisé en 2003.

De cette convergence uniformisante de droit commun, il faut distraire, par exception, le recours à des normes qui sont aussi relatives à l'organisation des pouvoirs publics, mais qui résultent d'un saut formel guère considérable, à la vérité, à raison d'une rigidité faible de la loi constitutionnelle ou organique :

a) il peut s'agir, d'abord, de la loi constitutionnelle, comme c'est le cas, pour la Nouvelle-Calédonie et ses provinces, de l'accord de Nouméa du 5 mai 1998 précité, à la fois publicisé et constitutionnalisé, ainsi que, pour la seule Nouvelle-Calédonie, du titre XIII nouveau, issu de la loi constitutionnelle du 20 juillet 1998, qui prévoient, l'un et l'autre, un dispositif transitoire dont il va falloir bientôt sortir, au bénéfice d'une double autodétermination au suffrage restreint qui, vingt ans plus tard, ne garantit toujours pas l'indépendance promise par le gouvernement de l'époque, celui du Premier ministre Lionel Jospin, aujourd'hui membre d'une institution que l'on voudrait croire et savoir politiquement indépendante. Pourquoi ce recours à la Constitution ? Pour trois raisons qui se cumulent :
    - pour réviser implicitement – et donc discrètement – le droit constitutionnel, d'une République affichée comme « *démocratique* »[20], et donc encore construite sur le suffrage universel, en principe ;

[20] Const., art. 1er, al. 1er.

- pour éviter tout retour en arrière, du moins à droit constitutionnel constant, encore qu'un double résultat contre l'indépendance ne devrait pas permettre de rester durablement hors des exigences de la démocratie politique, ces fameuses « *valeurs républicaines* », si volontiers en bouche dans la bien-pensance ambiante ;

- pour éviter tout contrôle dans l'ordre juridique interne, au titre du prétendu exercice du pouvoir constituant souverain quand le pouvoir de révision est un pouvoir constitué et lorsque son exercice résulte d'un vote d'assemblées parlementaires. Et, ce n'est pas la Cour de Strasbourg qui est venue à la rescousse, lorsque cela lui fut demandé, puisqu'elle aura préféré ne pas garantir le suffrage universel, sur la base d'une « *clause coloniale* » relatives aux « *nécessités locales* », objectivement dépassée et localement infondée[21] ;

b) il peut s'agir, encore, de la loi constitutionnelle quand on se rapporte à l'énumération des collectivités territoriales d'outre-mer, aux alinéas 2 et 3 de l'article 72-3 de la Constitution, telle que révisée en 2003, puis en 2008, qui aurait pour effet de contraindre à renvoyer vers le pouvoir de révision, et non plus vers le pouvoir de législation, l'acceptation de l'indépendance par l'Etat français, après consentement des populations intéressés.

c) il peut s'agir, enfin, de la loi organique, comme c'est le cas des collectivités calédoniennes, par application de l'article 77 de la Constitution, et des collectivités d'outre-mer de l'article 74, encore que

[21] Conv.EDH, art. 56 ; à ce sujet, CEDH, 11 janv. 2005, *Py c/ France*, *AJDA* 2005. 551, chron. Flauss.

le statut des îles Wallis-et-Futuna soit toujours régie par la loi (ordinaire) du 29 juillet 1961 qui démontre, contre le droit positif, que la légistique ancienne pouvait faire simple et durable. Comment expliquer ou même justifier ce recours à la loi organique ? Par-delà la référence implicite et indéniable à l'ancien article 74, tel que révisé en 1992, sans que chaque COM soit issue d'un TOM[22], il y a la volonté du pouvoir de révision de garantir les libertés fondamentales par le contrôle obligatoire et *a posteriori* de constitutionnalité devant le juge *ad hoc*, en dehors du contrôle facultatif de conventionnalité ou de légalité devant le juge ordinaire, tel que prévu à l'article 74, explicitement à son alinéa 8 et implicitement à son alinéa 11.

B. La part variable du droit national

On doit ajouter que la différenciation de la normativité statutaire résulte de la part variable du droit national :

a) cette différenciation est possible dans le droit d'origine externe qui, à l'article 73, est celui de l'assimilation législative et réglementaire : le droit métropolitain s'applique de droit, sauf si, de façon expresse, il ne s'applique pas ou il s'applique avec des adaptations :
   - c'est le cas, d'abord, du département et de la région de La Réunion, tels que ces deux collectivités sont et seront distinctes, à droit constitutionnel constant, ce qui interdit la CTU de l'article 73, alinéa 7, mais ce qui n'interdit pas l'assemblée délibérante unique (ADU) dont aurait été proche un conseil régional formé des élus du

[22] Tel est le cas de la collectivité territoriale de Mayotte qui n'est pas issue, en 1976, du TOM des Comores.

conseil général, devenu départemental, si la loi du 17 mai 2013 n'avait pas rayé, d'un trait de plume, les conseillers territoriaux de la loi du 16 décembre 2010. Or, le droit d'origine interne, applicable à la Réunion, peut être différencié dans les conditions des alinéas 1er et 2 combinés de l'article 73 ;

- c'est le cas, ensuite, du département et de la région de la Guadeloupe ainsi que du département à compétences régionales de Mayotte dont le droit d'origine interne peut être différencié dans les conditions des alinéas 1er 2 et 3 combinés de l'article 73 ;
- il en est exactement de même des CTU de Guyane et de Martinique.

b) cette différenciation de la normativité est nécessaire dans le droit d'origine externe, en tant qu'il résulte du droit originaire ou dérivé de l'Union européenne. On recoupe ici la distinction entre régions ultrapériphériques (RUP), des articles 349 et 355 §1 du traité sur le fonctionnement de l'Union européenne, et pays et territoires d'outre-mer (PTOM), des articles 198 à 204 et 355 § 2 du même traité :

- dans le premier cas : celui des RUP, le droit applicable est, en principe, le droit commun de l'Union européenne, sous réserve, pour cette RUP, des adaptations décidées dans le cadre autonome des institutions de l'Union ;
- dans le second cas : celui des PTOM, le droit applicable n'est pas, en principe, le droit commun de l'Union européenne, sous réserve du contenu de l'accord d'association éventuellement passé, pour ce PTOM, entre l'Etat membre concerné et l'Union européenne.

Et, on ajoutera trois considérations qui importent et qui disent bien combien la différenciation peut être grande dans les outre-mers français, au titre de la normativité statutaire :

- en premier lieu, la Constitution, pour le droit d'origine interne, organise, à son article 72-4, la circulation entre les régimes d'assimilation (art. 73) et de spécialité (art. 74 et Nouvelle-Calédonie), sous la condition du consentement des électeurs des collectivités territoriales d'outre-mer concernées ;
- en deuxième lieu, si tous les collectivités territoriales d'outre-mer de l'article 73 sont d'assimilation et si la Nouvelle-Calédonie est de spécialité, les COM de l'article 74 peuvent être d'assimilation ou de spécialité : par exemple, Saint-Martin est d'assimilation et Wallis-et-Futuna est de spécialité ;
- en troisième lieu, si toutes les collectivités soumises au régime de l'article 73 sont des RUP, y compris Mayotte depuis 2014, et si la Nouvelle-Calédonie est un PTOM, les COM de l'article 74 peuvent être des RUP, pour autant qu'elles soient assimilés (par ex., Saint-Martin) et elles doivent être des PTOM, à défaut d'être assimilées (par ex., la Polynésie française). Mais, des COM assimilées de l'article 74 peuvent ne pas ou ne plus être des RUP, et donc être des PTOM (par ex., Saint-Barthélemy, depuis 2012).

III. La différenciation dans la compétence statutaire

Pour quoi les collectivités territoriales de la République se différencient-elles ? Derrière la norme applicable, se tient la compétence attribuée ou exercée. Cela conduit à une troisième différenciation, au titre de la compétence statutaire, outre-mer (**A**) comme en métropole (**B**).

A. Les compétences outre-mer

C'est bien un statut différencié qui a été initié, de longue date, dans les collectivités de l'outre-mer spécialisé : après tout, la possibilité pour l'assemblée territoriale de prendre compétemment des délibérations dans la matière de la loi est ancienne[23], de même que la compétence de principe de la collectivité qui renvoie l'Etat à une compétence d'attribution[24]. Dès lors, c'est ce « *sur mesure* » généralisé qui est envisagé, dès 2000 et mis en œuvre depuis 2003, sans que l'on puisse sérieusement ni le

---

[23] CE Ass., 27 déc. 1970, *Saïd Ali Tourqui*, *Rec.* 138 ; *AJDA* 1970.320, chron. Denoix de Saint Marc et Labetoulle, au sujet des délibérations prises par la chambre des députés du territoire des Comores, dans les matières de la loi ; en droit positif, les « *lois du pays* » calédoniennes ou polynésiennes, les premières étant des actes ni administratifs (Accord de Nouméa, préambule, pt 5, § 5 et doc. d'orientation, pt. 2.1.3, Const., art. 77, al. 3 et loi org. statutaire du 19 mars 1999, art. 99 et s.) ni formellement législatifs, les secondes étant bien, en revanche, des actes administratifs (Const., art. 74, al. 8 et loi org. statutaire du 27 févr. 2004, art. 139 et s).

[24] La compétence de principe remonte, pour la Nouvelle-Calédonie, à la loi statutaire du 28 déc. 1976. En droit positif, ce sont les provinces qui, depuis leur création, ont cette compétence de principe (loi org. du 19 mars 1999, art. 20), l'État et la Nouvelle-Calédonie ayant, l'un et l'autre, des compétences d'exception (*ibid.*, art. 22 et 23), sans que le transfert progressif de compétences de l'État vers la Nouvelle-Calédonie change cette donnée juridique. La compétence de principe remonte, pour la Polynésie française, à la loi statutaire du 12 juil. 1977. En droit positif, elle est fondée sur l'art. 13 de la loi org. du 27 févr. 2004 ; à ce sujet, Olivier Gohin, « Approche comparée des autonomies polynésienne et calédonienne », *in* Serge Larcher (dir.) *Un kaléidoscope de l'autonomie locale : pratique institutionnelle et déclinaison ultramarines,* Sénat, rapport d'information n° 452, 11 avr. 2014, p. 169-185, spéc. p. 171.

déplorer ni le regretter, à présent, même si, il est vrai, on aurait pu et on pourra encore faire plus simple, par deux voies de sortie :

- soit sortir entièrement ce droit d'outre-mer de ses catégories statutaires, celles des DOM et des ROM, en faisant observer que donnent déjà une réponse, en ce sens, le département à compétences régionales de Mayotte, depuis le 31 mars 2011, ou les deux collectivités territoriales uniques de Guyane et de Martinique, à partir du 18 décembre 2015. Mais, il est vrai que, pour La Réunion, il y faudrait, à cet effet, une révision du cinquième alinéa de l'article 73 ;
- soit sortir entièrement ce droit d'outre-mer de ses régimes normatifs, ceux des articles 73 et 74, pour que chaque collectivité territoriale d'outre-mer ait bien le statut qui lui convient exactement, de droit français ou de droit de l'Union européenne. Tel est déjà le cas, après tout, de la Nouvelle-Calédonie, collectivité territoriale à statut constitutionnalisé de forte autonomie, à régime de spécialité et donc PTOM de l'Union européenne, qui, après un double refus de la pleine souveraineté par référendum d'autodétermination, devra retrouver les exigences d'une République démocratique et d'un Etat unitaire.

B. Les compétences en métropole

Sans souci d'exhaustivité, il convient de mentionner, de façon nécessairement synthétique, quelques spécificités de compétence statutaire dans le droit des communes, des départements ou des régions :

- s'agissant, d'abord, du droit des communes, on doit revenir, à cet égard, à la commune de Paris pour rappeler que, sur le fondement de la loi du 31 décembre 1975, le maire ne dispose pas, en principe, de la police municipale de droit commun, confiée au préfet de police, de même que les communes de la métropole de Lyon, collectivité territoriale à statut particulier, sont privées de compétences qu'elles détenaient avant le 1er janvier 2015 : il s'agit, de droit, de la création et de la gestion d'équipements culturels ou de la concession de distribution d'électricité et de gaz, compte non tenu des compétences qui peuvent être déléguées, de façon facultative et donc volontaire, à la métropole par les communes sur son territoire.

Et, si l'on se déplace vers le droit de l'intercommunalité, on vérifie alors une variation considérable dans les transferts obligatoires ou facultatifs de compétences des communes membres vers le groupement intercommunal, selon que celui-ci est à fiscalité propre ou non et, dans les deux cas, selon la nature même du groupement intercommunal. Il y a un monde, en effet, dans le champ des compétences des communes membres, entre le cas d'un syndicat intercommunal à vocation unique, tel que celui de Novalaise, en Savoie, et le cas d'une métropole spécifique : celle du grand Paris ou celle d'Aix-Marseille Provence, en passant par des formules si nombreuses ou trop complexes d'intercommunalités qui sont sans fiscalité propre : syndicats intercommunaux à vocation unique ou multiple ou syndicats mixtes ou pôles métropolitains ou encore pôles d'équilibre territorial et rural ou, au contraire, à fiscalité propre : communautés de communes ou d'agglomération ou communautés urbaines ou encore métropoles ;

- s'agissant, ensuite, du droit des départements, on doit souligner la variation qui résulte nécessairement, pour tout département, de l'émergence, sur son territoire ou au-delà de son territoire, d'une nouvelle collectivité territoriale ou d'une puissante intercommunalité : tel est le cas des départements corses, depuis la loi du 13 mai 1991, avec la collectivité territoriale de Corse[25] ou du nouveau département du Rhône, depuis la loi du 27 juillet 2014, avec la collectivité territoriale dite *« métropole de Lyon »* ; tel sera aussi le cas des départements de la Petite couronne avec la métropole du Grand Paris et de celui des Bouches-du-Rhône avec la métropole d'Aix-Marseille-Provence ;
- s'agissant, enfin, du droit des régions, on doit marquer la différenciation statutaire qui, pour le région Ile-de-France, résulte, d'une part, de son origine certaine, depuis la loi du 6 mai 1976, dans le prolongement du district de la région parisienne de la loi du 17 décembre 1966, et, d'autre part, de son avenir incertain, depuis la loi du 27 janvier 2014, dans la confrontation avec la métropole du Grand Paris.

Mais, il faut aussi insister sur la circulation des compétences que le législateur organise, depuis peu, entre collectivités territoriales, en dehors de toute initiative de l'Etat, ce qui conduit à accroître, d'autant, la diversité dans

[25] Si *« la définition par le législateur des compétences de la collectivité territoriale de Corse n'a pas pour conséquence d'affecter de façon substantielle les attributions des deux départements de Corse »* (CC, 9 mai 1991, *Collectivité territoriale de Corse*, déc. 91-290 DC, *Rec.* 50, consid. 34), elle les affecte, tout de même, de sorte que les départements inclus dans la collectivité territoriale ont moins de compétences, en principe, que ceux inclus dans une région.

l'exercice des compétences statutaires. C'est ainsi que la loi MAPTAM du 27 janvier 2014 a prévu

- soit la conclusion de conventions dont une collectivité territoriale, détermine l'objet, la durée ainsi que les modalités de contrôle, pour servir de support à la délégation d'une ou de plusieurs de ses compétences à une autre collectivité territoriale[26] ;

c) soit la conclusion de conventions territoriales d'exercice concerté d'une compétence dont l'objet est de fixer les modalités d'exercice des actions communes, placées sous la direction d'une collectivité territoriale « *chef de file* »[27].

Dans le même sens, l'article 22 de la loi portant sur la nouvelle organisation territoriale de la république (NOTRe) du 7 août 2015 permet, par exemple, à la région de demander, jusqu'au 31 mars 2016, à bénéficier du transfert des compétences départementales, en matière portuaire. Ce transfert se fera alors d'autorité, au plus tard au 1er janvier 2017, si aucune autre collectivité territoriale – y compris le département concerné - n'a exprimé le souhait d'exercer la compétence départementale.

En conclusion, on doit avouer que, par combinatoire entre les trois hypothèses retenues de différenciations entre collectivités territoriales, que l'on considère la configuration, la normativité ou la compétence statutaires, il devient bien difficile - et même fort hasardeux - d'établir un tableau d'ensemble, à de si multiples entrées, qui rende compte, désormais, de l'unité de l'Etat, dans la diversité de sa décentralisation.

---

[26] CGCT, art. L. 1111-8.

[27] I*bid.*, -9.

On peut et doit concevoir que cette différenciation puisse aller, à présent, jusqu'à permettre à chaque collectivité d'outre-mer d'avoir son propre statut, adapté à ses intérêts et évolutif dans le temps. Et, ce n'est pas parce que chaque outre-mer est différent qu'il est inégal : *nou lé pas plus, nou lé pas moins*. Or, on vérifie sans peine que cette tendance à l'individualisation statutaire gagne, peu à peu, la métropole, à commencer par les collectivités à statut particulier telles que Lyon, déjà, ou la Corse, bientôt.

Encore faudrait-il – et ces deux cas précités de l'actuelle métropole de Lyon ou de la future collectivité de Corse le démontrent - que les choses ne se fassent pas, désormais, entre seuls élus territoriaux, en dehors, voire à l'encontre des populations concernées[28]. Dans démocratie locale, il y a l'adjectif « *locale* », sans doute. Mais, d'abord et surtout, il y également le mot « *démocratie* ».

[28] Selon l'article 72-1, alinéa 3, première phrase,, « l*orsqu'il est envisagé de créer une collectivité territoriale dotée d'un statut particulier ou de modifier son organisation, il peut être décidé par la loi de consulter les électeurs inscrits dans les collectivités intéressées* ». Le législateur s'est bien gardé d'organiser une consultation, en 2014, sur la nouvelle métropole de Lyon, sans inconstitutionnalité (à ce sujet, CC, 23 janv. 2014, *Modernisation de l'action publique territoriales et affirmation des métropoles (MAPTAM)*, déc. 2013-687 DC, consid. 61), mise en œuvre au 1er janvier 2015, et, en 2015, sur la future collectivité de Corse, à mettre en œuvre au 1er janvier 2018, seulement. Cette collectivité unique (loi NOTRe du 7 août 2015, art. 30) est construite sur le modèle rejeté lors de la consultation préc. du 6 juil. 2003.

Le « droit de la péréquation » et le principe d'égalité : l'impossible conciliation ?

Matthieu Houser
Maître de Conférences en droit public (HDR),
Université de Bourgogne-Franche Comté,
Membre du CRJFC et du GRALE

Le terme péréquation provient du latin *perequare* signifiant égaliser, impliquant la recherche d'une certaine égalité entre personnes publiques. De cette définition étymologique, on pourrait en déduire l'existence d'une logique égalitariste cherchant à instaurer l'égalité matérielle entre les collectivités. Admettre dès ce stade du raisonnement une telle assertion serait fortement réducteur et surtout dénaturerait la réalité juridique, qui s'avère beaucoup plus complexe.

La péréquation, depuis la Révolution française, a revêtu différents sens.

Durant tout le XIXème siècle, la péréquation avait pour seul objectif de remédier aux inégalités fiscales, principalement de bases, liées aux différences cadastrales entre territoires et aux erreurs fiscales découlant de l'établissement de l'impôt effectué sous la Révolution française. Un certain nombre de tentatives ont été menées pour opérer une péréquation entre les cantons cadastrés, comme l'adoption de deux lois les 20 mars 1813[1] et 15 mai 1818[2], mais en vain.

Une centaine d'années plus tard, la péréquation a pour objectif de pallier les évolutions de la fiscalité locale et notamment la disparition des droits d'octroi, avec par exemple la création en 1918 des fonds communs des contributions indirectes portant sur le vin, la bière et l'alcool[3]. Deux ans plus tard, la loi du 25 juin 1920 instaure le fonds commun des automobiles concernant les départements touchés par la suppression de l'impôt frappant les automobiles[4].

Nouveau saut en avant avec les années 1990, constatant avec une cruelle réalité les profondes inégalités au sein des territoires, liées notamment à l'essor différencié de la fiscalité locale, indépendamment du coût des nombreux transferts de compétences opérés par l'Etat vers les collectivités territoriales. Cette période correspond finalement à l'apparition de la politique de la ville et aux relances de la politique d'aménagement du territoire.

Désormais, la péréquation aurait pour objectif de créer les conditions financières pour qu'apparaisse un niveau égal de services publics sur le territoire, sans toutefois qu'un tel objectif ne soit inscrit aussi clairement dans la Constitution, contrairement à d'autres systèmes étrangers.

---

[1] Loi du 20 mars 1813 *concernant les finances locales*, J.-B. DUVERGIER, *Lois – Décrets*, tome 18, Guyot et Scribe, Béchet, Paris, 1827, p. 369.

[2] Loi du 15 mai 1818 *sur les finances*, J.-B. DUVERGIER, *Lois – Décrets*, tome 21, Guyot et Scribe, Béchet, Paris, 1827, p. 587.

[3] Loi du 22 février 1918 *portant création du fonds commun des contributions indirectes au profit des communes et suppression des droits d'octrois sur l'alcool et sur les boissons hygiéniques*, J.-B. DUVERGIER, *Lois – Décrets*, nouvelle série, tome 18, année 1918, Recueil Sirey, 1918, Paris, p. 97.

[4] Loi du 25 juin 1920 *portant création de nouvelles ressources fiscales*, JO du 26 juin 1920.

Par exemple, aux termes de l'article 106-3 de la Loi fondamentale allemande :

« les besoins financiers de la Fédération et des Länder doivent être estimés de telle sorte qu'une juste compensation soit obtenue, qu'une surimposition des contribuables soit évitée et que l'homogénéité des conditions de vie sur le territoire fédéral soit sauvegardée ».

L'article 138 alinéa 1er de la Constitution espagnole s'inscrit dans la même tonalité en précisant que :

« l'État garantit la réalisation effective du principe de solidarité consacré par l'article 2 de la Constitution, veillant à l'établissement d'un équilibre économique convenable et équitable entre les diverses parties du territoire espagnol et tenant compte en particulier des exigences du fait insulaire ».

Le droit français ne comporte pas un tel objectif au sein de sa norme suprême. Doit-on cependant en déduire que la nature d'un Etat fédéral ou régional justifie des dispositifs de péréquation plus étendus et des objectifs plus précis assignés à cette politique publique ?

Sans prétendre à une scientificité certaine, notons quand même que la nécessité d'un compromis politique et financier constant dans les Etats fédéraux et régionaux plaide, sans doute, pour une réelle politique de péréquation entre les Etats fédérés ou les Communautés espagnoles par exemple.

A l'inverse, quels peuvent être les fondements dans un Etat unitaire comme la France qui décide, dirige et oriente la politique de la péréquation entre les territoires et entre les très nombreuses collectivités territoriales ?

La réforme constitutionnelle, opérée par la loi constitutionnelle du 28 mars 2003[5], a tenté d'imposer au législateur au sein de l'article 72-2 alinéa 5 un semblant d'obligation d'intervenir, en indiquant que :

« la loi prévoit des dispositifs de péréquation destinés à favoriser l'égalité entre les collectivités territoriales ».

Cet article ne définit toutefois ni les objectifs de la péréquation ni n'impose de contraintes à l'Etat.

En réalité, la péréquation ne doit pas être appréciée à l'aune de cet article mais véritablement à la lumière de la dialectique principe d'égalité et libre administration des collectivités territoriales, tandem qui structure l'organisation territoriale française.

Plus précisément encore, le principe égalité revêt deux facettes :

d) d'une part, l'égalité devant la loi postule que toutes les collectivités doivent bénéficier des mêmes compétences, des mêmes types de ressources, peu importe que la collectivité soit petite ou grande, confrontée à des difficultés géographiques et/ou sociales[6].
e) d'autre part, l'égalité réelle : dans ce cas, le Droit a vocation à lutter contre les inégalités de fait.

Cela explique la jurisprudence constitutionnelle, avec par exemple la décision du 18 décembre 2003, qui considère que l'alinéa 5 de l'article 72-2 de la C :

---

[5] Loi constitutionnelle n° 2003-276 du 28 mars 2003 *relative à l'organisation décentralisée de la République*, JORF du 29 mars 2003, p. 5568.

[6] Selon G. Orsoni, *« habitude a trop souvent été prise de traiter les collectivités territoriales comme s'il s'agissait d'un tout uniforme et indivisible »*, *Science et législation financières*, Economica, 2005, p. 507.

« a pour but de concilier le principe de liberté avec celui d'égalité par l'instauration de mécanismes de péréquation financière »[7].

La péréquation constitue ainsi un objectif constitutionnel et non un principe à valeur constitutionnelle[8]. L'ensemble des mécanismes et instruments créés depuis une vingtaine d'années, source d'un contentieux constitutionnel et administratif abondant participant à l'émergence d'un véritable droit de la péréquation[9], doit être interprété à l'aune de cette articulation. Cela explique les hésitations dans lesquelles il est encerclé en ne créant pas une obligation d'instaurer l'égalité réelle entre les collectivités.

Le Conseil d'Etat, dans une décision du 10 septembre 2012 analysant le principe d'égalité, rappelle que :

« le principe d'égalité n'imposait pas au législateur de traiter différemment des autres communes et groupements, dans la fixation des règles de contribution au fonds national de péréquation des ressources intercommunales et communales, les communes et groupements d'Ile-de-France, au motif qu'ils sont également susceptibles de contribuer au fonds de solidarité des communes de la

---

[7] CC, décision n° 2003-487 DC du 18 décembre 2003, *Loi portant décentralisation en matière de revenu minimum d'insertion et créant un revenu minimum d'activité,* rec., p. 473.

[8] Il est surprenant qu'un rapport du Gouvernement confonde, à propos de la péréquation, les notions d'objectifs à valeur constitutionnelle et de principe à valeur constitutionnelle, voir p. 3 du rapport *relatif au fonds national de péréquation des ressources intercommunales et communales (FPIC) en application de l'article 112 de la loi de finances pour 2015*, octobre 2015.

[9] Pour comprendre les problématiques générales et les enjeux de cet objet juridique, voir M. Houser, *Le droit de la péréquation financière*, L'Harmattan, 2015.

région d'Ile-de-France, mécanisme intercommunal de redistribution des ressources propre à cette région »[10].

Cela explique le dilemme actuel entre d'une part la fin annoncée du dogme de l'égalité financière formelle en raison de l'essor de la péréquation (I) et, d'autre part, une égalité financière réelle qui semble indépassable, s'expliquant par le maintien d'un certain nombre de limites (II).

I. La fin annoncée du dogme de l'égalité financière formelle : l'essor désordonné de la péréquation

Les exigences de la politique d'aménagement du territoire, en passant par la politique de la ville, ont posé les bases d'une politique de péréquation en France. Cependant, la réforme de la fiscalité locale mise en œuvre par la loi de finances pour 2010[11] a considérablement accru les inégalités ; réforme mal maîtrisée dès sa conception, elle a totalement échappé au Gouvernement, aboutissant à la suite des travaux parlementaires[12], à de nombreuses inégalités financières et fiscales[13], dont il

---

[10] CE, 21 septembre 2012, *Commune de Vitry*, req. n° 360602, considérant n° 10.

[11] Loi n° 2009-1673 du 30 décembre 2009 *de finances pour 2010*, *JO* du 31 décembre 2009, p. 22856. Cette loi modifie la répartition de la fiscalité locale entre les catégories de collectivités et crée plusieurs fonds de péréquation.

[12] La loi remplace la taxe professionnelle par la contribution économique territoriale, qui elle-même se subdivise en deux branches la contribution sur la valeur ajoutée des entreprises (CVAE) et la contribution économique territoriale (CET). La CVAE sur concentre principalement sur les zones tertiaires. Pour assurer la neutralité pour les collectivités, le législateur assure la différence par le versement de dotations, qui n'évoluent pas alors que la taxe professionnelle assurait un certain dynamisme.

[13] Cour des comptes, *Les finances publiques locales,* octobre 2014 ; Inspection générale des finances (IGF), *Enjeux et réformes de la*

convient maintenant de combler les effets collatéraux[14]. Cela explique que l'on assiste depuis cinq ans à l'apparition de nombreux fonds de péréquation et à leur constante révision. A titre d'information, à l'heure actuelle, *« 42% des territoires détiennent 90% du potentiel fiscal agrégé »*[15].

Les nombreuses réformes votées ou en cours cherchent finalement à résoudre les inégalités de fait, qui se concrétisent dans des dynamiques multiples (A), associées à la recherche d'indicateurs évolutifs (B). Ainsi, de nombreux mécanismes dérogatoires ont été créés, contrairement au dogme de l'égalité formelle, qui implique que chaque collectivité dispose des mêmes types de ressources.

A. L'identification d'une collectivité défavorisée par le biais de nombreux mécanismes

La péréquation se conçoit entre catégories de collectivités avec l'aval du Conseil constitutionnel. Il a ainsi estimé, le 29 décembre 2004, que le :

---

péréquation financière des collectivités territoriales, juin 2013 ; *Evaluation des effets de la réforme de la taxe professionnelle sur la fiscalité des collectivités locales et sur les entreprises*, Durieux-Subremon, 2010 ; Sénat, Rapport Germain *sur la proposition de loi tendant au traitement équilibré des territoires par une réforme de la DGF*, 1er octobre 2013, n° 3, p. 12 ; Rapport d'information *sur le financement pérenne des allocations sociales de solidarité*, n° 146, décembre 2013 ; Rapport d'information *relatif à l'évolution des finances locales à l'horizon 2017*, n° 95, 12 novembre 2014, par Dallier P., Guéné C. et Mézard J.

[14] Rapports IGF précités.

[15] Rapport du Gouvernement *relatif au fonds national de péréquation des ressources intercommunales et communales (FPIC) en application de l'article 112 de la loi de finances pour 2015*, octobre 2015, p. 3.

« législateur [peut] *mettre en œuvre la péréquation financière entre ces collectivités en les regroupant par catégories, dès lors que la définition de celles-ci repose sur des critères objectifs et rationnels »*[16].

La recherche de l'égalité réelle implique, en effet, d'identifier le plus précisément possible les ressources et les charges d'une collectivité.

L'évolution dans une telle direction s'affirme d'année en année, avec d'une part des mécanismes de péréquation propre désormais à chaque catégorie de collectivités territoriales, et, d'autre part, une individualisation des collectivités toujours plus poussée au sein d'une catégorie de collectivités.

Trois types de péréquation peuvent être mis en œuvre :

f) verticale : dans ce cas, des dotations d'Etat sont réparties sur la base de critères prenant en compte la richesse du territoire ;
g) horizontale : une partie de la fiscalité perçue par un territoire est redistribuée à d'autres collectivités de la même catégorie, sur la base d'un mécanisme et de critères définis par le législateur ;
h) pyramidale : dans cette hypothèse, la loi crée un fond et assigne à une collectivité le soin de répartir ce fonds entre d'autres collectivités se situant en son sein.

Cependant, ces logiques font face à des horizons divers ; prenant conscience du difficile accroissement de la péréquation verticale en raison de la baisse des dotations d'Etat (1), le législateur renforce la péréquation horizontale (2), en refusant pour l'instant d'accroître davantage la péréquation pyramidale, qui semble pourtant

[16] CC, décision n° 2004-511 DC, 29 décembre 2004, cons. 29, JORF du 31 décembre 2004, p. 22571, rec. p. 236.

inévitable (3), compte tenu des modifications du territoire et du renforcement du fait intercommunal.

1. Le difficile accroissement de la péréquation verticale

L'utilisation des dotations d'Etat versées aux collectivités pour accroître l'égalité réelle entre les territoires a, pendant longtemps, constitué la seule modalité de mise en œuvre de la péréquation. Cette politique a porté ses fruits notamment dans les années 2000, réduisant un certain nombre d'inégalités[17].

Cette réussite a été atteinte grâce à la mise en place de catégories au sein des collectivités, permettant de cibler les dépenses auxquelles les collectivités sont confrontées, avec l'aval systématique du Conseil constitutionnel.

Pour ce dernier, le législateur peut créer des catégories au sein des départements entre d'une part les « départements ruraux » et, d'autre part, les « départements urbains », tout en évaluant différemment les charges auxquelles ils sont confrontés[18]. En réalité, le Conseil constitutionnel se limite à vérifier que les critères soient *« objectifs et rationnels »*. Pour la première catégorie, concernant l'évaluation des dépenses de la collectivité, le législateur a conservé le critère lié à la longueur de la voirie et remplacé la notion de potentiel fiscal par celle plus large de potentiel financier[19]. Pour la répartition de la

---

[17] G. Gilbert et A. Guengant, « Évaluation de la performance péréquatrice des concours financiers de l'État aux communes », *Economie et statistique*, n° 373, 2004.

[18] CC, décision n°2004-511 DC, 29 décembre 2004, cons. 30 et 31, JORF du 31 décembre 2004, p. 22571, rec. p. 236.

[19] L'indicateur de base de la richesse fiscale d'une collectivité est le potentiel fiscal défini par l'article L. 2334-4 du CGCT. Celui d'une commune est égal à la somme que produiraient les quatre taxes directes de cette collectivité si l'on appliquait aux bases communales de ces quatre taxes le taux moyen national d'imposition à chacune de

dotation de péréquation urbaine, il a retenu un indice synthétique de ressources et de charges déterminé par la combinaison de plusieurs critères qu'il a énumérés, à savoir, outre le potentiel financier, le nombre des bénéficiaires d'aides au logement, celui des allocataires du revenu minimum d'insertion, ainsi que le revenu moyen par habitant[20].

Pour les communes, des classifications relativement similaires ont été instaurées avec, par exemple, la dotation de solidarité rurale (DSR) ou encore la dotation de solidarité urbaine (DSU). Cependant, l'utilisation de la péréquation verticale semble paralysée en raison de la baisse des dotations. Certes, le législateur continue tous les ans d'accroître les parts péréquation au sein des dotations puisant dans d'autres parts de la DGF, mais l'impact de cette hausse s'avère limitée[21]. Aussi, il est normal pour limiter la hausse déséquilibrée de la fiscalité locale sur le territoire d'utiliser les mécanismes de la péréquation horizontale.

2. L'essor de la péréquation horizontale

Le législateur semble bénéficier d'une quasi-liberté pour créer des mécanismes de péréquation horizontale. Cette liberté, validée par le Conseil constitutionnel, explique l'essor de mécanismes de péréquation horizontale pour chaque catégorie de collectivités :

---

ces taxes. Il est majoré du montant perçu l'année précédente au titre de la part de la dotation forfaitaire prévue au sixième alinéa de l'article L. 2334-7 du CGCT. Le potentiel financier est égal à son potentiel fiscal, majoré du montant de la dotation forfaitaire perçu par la commune l'année précédente, hors la part prévue au sixième alinéa (3°) de l'article L. 2334-7 du CGCT fondée en partie sur la population.

[20] Article L. 3334-6 du CGCT.

[21] Dans le même temps, cette mécanique s'apparente davantage à de la péréquation horizontale plutôt que verticale.

i) pour les communes et établissement public de coopération intercommunale (EPCI) a été créé le fonds de péréquation des ressources intercommunale et communale[22] ;
j) pour les départements, ont été instaurés le fonds de répartition des droits de mutation à titre onéreux[23] et le fonds départemental de répartition de la valeur ajoutée[24] ;
k) pour les régions a été mis en place le fonds régional de répartition de la valeur ajoutée[25].

En outre, le législateur peut instituer des mécanismes de péréquation seulement pour certaines parties du territoire. Ainsi, dans sa décision n° 91-291 DC du 6 mai 1991 concernant la création d'un mécanisme de solidarité en Île-de-France, celui-ci est justifié par les particularités rencontrées dans cette région[26]. Aussi, logiquement le

---

[22] Article 125 de la loi n° 2010-1657 du 29 décembre 2010 *de finances pour 2011*, JORF du 30 décembre 2010, p. 23033.
[23] Article 123 de la loi *de finances pour 2011*, op. cit.
[24] Article 78 de la loi n°2009-1673 du 30 décembre 2009 *de finances pour 2010*, préc.
[25] Article 78 de la loi n°2009-1673 du 30 décembre 2009 *de finances pour 2010*, préc.
[26] Selon les considérants 24 et 25, *« la région d'Île-de-France présente, en ce qui concerne la situation des communes urbaines au regard des besoins sociaux de leur population, des traits spécifiques : la masse de sa population, l'importance globale de ses ressources et la présence de la capitale ; que la répartition des emplois entre le centre et la périphérie entraîne, en règle générale, une distribution très inégale du potentiel fiscal des communes à population équivalente ; qu'il en découle d'importants écarts dans les niveaux d'équipement et de service que les communes sont en mesure d'offrir à leurs habitants ; ...l'ampleur et le cumul de ces éléments justifient que le législateur institue pour la région d'Île-de-France, indépendamment de la création de la dotation de solidarité urbaine, un mécanisme intercommunal de redistribution de ressources ayant pour objet de contribuer à l'amélioration des conditions de vie dans*

Conseil d'Etat a refusé de transmettre une question prioritaire de constitutionnalité à propos du département de Paris qui invoquait l'existence de règles dérogatoires le concernant par rapport aux autres départements métropolitains. La Haute juridiction administrative, dans un arrêt du 23 novembre 2015, refuse ce raisonnement en estimant que *« le département de Paris, compte-tenu de ses caractéristiques économiques, géographiques et démographiques, est placé dans une situation différente de celle des autres départements ; qu'ainsi, le moyen tiré de ce que la dérogation prévue pour la fixation de la dotation forfaitaire du département de Paris méconnaîtrait le principe d'égalité, est dépourvu de caractère sérieux »*[27]. Dès lors, il refuse de transmettre une QPC, qui s'appuirait sur une hypothétique rupture d'égalité entre le département de Paris qui est soumis à certaines règles et les autres départements.

Cependant, cet essor de la péréquation horizontale interroge, notamment concernant son articulation avec la péréquation verticale. En effet, en l'absence de principes guidant le choix de recourir à un type de péréquation plutôt qu'à un autre, comment articuler l'existence de ces deux logiques ? Cette interrogation s'avère d'autant plus pertinente que le législateur est, d'après la décision du Conseil constitutionnel de 2012, totalement libre de financer la péréquation soit :

---

celles des communes qui supportent des charges particulières sans disposer d'un potentiel fiscal par habitant élevé », CC, décision n° 91-291 du 6 mai 1991, *Loi instituant une dotation de solidarité urbaine et un fonds de solidarité des communes de la région d'Île-de-France, réformant la dotation globale de fonctionnement des communes et des départements et modifiant le code des communes*, rec., p. 40.

[27] CE, 23 novembre 2015, req. n° 393173 (considérant 5).

« par une dotation de l'État ou grâce à un fonds alimenté par des ressources des collectivités territoriales »[28].

A défaut d'arbitrage entre les montants qui doivent être consacrés à la péréquation verticale et horizontale, le législateur a recours à un nouveau procédé en lien avec l'essor de l'intercommunalité, il s'agit de la péréquation pyramidale.

3. L'utilisation inévitable de la péréquation pyramidale

Les particularités des territoires apparaissent mieux cernées avec la péréquation pyramidale en permettant à un échelon supérieur d'organiser la péréquation entre les collectivités se situant en son sein. La validation par le Conseil constitutionnel le 8 juillet 2011 du versement de subventions par une collectivité à d'autres en fonction des modes de gestion retenues pour gérer les services publics, démontre la possibilité d'organiser une forme de péréquation pyramidale sans porter atteinte à l'interdiction de la tutelle d'une collectivité sur une autre posée par l'article 72-2 alinéa 3 de la Constitution[29].

Le législateur a, depuis quelques années, ressuscité ce mécanisme pour l'intercommunalité, qui avait, dans un premier temps, été utilisé pour les départements, leur permettant de répartir entre les communes se situant en leur sein une partie du fonds départemental de péréquation de la taxe professionnelle (FDPTP).

La péréquation pyramidale s'affirme, à l'heure actuelle, très nettement avec l'EPCI, qui devient le lieu d'arbitrage

---

[28] CC, décision n° 2012-255/265 QPC, 29 juin 2012, *Départements de la Seine-Saint-Denis et du Var [Fonds national de péréquation des droits de mutation à titre onéreux perçus par les départements]*, rec., p. 315.

[29] CC, décision n° 2011-146 QPC du 8 juillet 2011, *Département des Landes*, rec., p. 341.

de l'égalité entre les communes. En effet, en raison de l'impossibilité de mesurer les inégalités entre 36 000 communes, l'échelon intercommunal apparaît plus adapté à des comparaisons et à une mesure des inégalités. Désormais, la mesure du prélèvement et du reversement dans le cadre du fonds de péréquation des ressources intercommunale et communale (FPIC) s'opère sur les EPCI, libre à lui de répartir différemment entre lui-même et ses communes membres les sommes prévues par les critères du législateur. Différentes procédures ont, à cet égard, été prévues[30].

Par ailleurs, l'EPCI dispose d'autres outils comme la dotation de solidarité communautaire (DSC). L'actuel article 1609 *nonies* C VI du CGI distingue les modalités de mise en place de la DSC selon les types d'EPCI. Par exemple, pour les communautés urbaines à contribution économique territoriale unique, ces critères sont déterminés, notamment en fonction :

l) de l'écart du revenu par habitant de la commune au revenu moyen par habitant de l'EPCI ;

m) de l'insuffisance de potentiel fiscal ou financier par habitant de la commune au regard du potentiel fiscal ou financier communal moyen par habitant sur le territoire de l'EPCI.

Notons cependant l'existence d'une imprécision législative sur ce point permettant aux collectivités de s'engouffrer dans la brèche avec des critères parfois plus ou moins péréquateurs bénéficiant également d'une

[30] Le législateur a prévu plusieurs procédures avec une répartition de droit commun selon des critères prévus par le législateur et des procédures dérogatoires permettant à l'EPCI de choisir des propres critères, sous condition de règles de majorité particulière.

jurisprudence administrative hétérogène selon les tribunaux et les cours administratives d'appel[31].

Cependant, la péréquation pyramidale rencontre certaines limites car l'EPCI peut détourner certains mécanismes de leur logique solidaire au profit d'une logique égoïste défendue par certaines communes ayant intégré l'EPCI, ces dernières cherchant à récupérer les sommes perdues lors de leur intégration dans la structure intercommunale. Aussi, seule la mesure des inégalités permet « d'objectiver » les enjeux financiers.

B. La mesure des inégalités entre collectivités territoriales

Toute péréquation repose sur des critères évaluant soit les ressources, soit les dépenses, soit la relation entre les ressources par rapport aux dépenses.

L'utilisation de critères permet de mesurer les inégalités et de répartir au mieux les ressources financières entre collectivités territoriales (1). Dans le même temps, pourrait être instituée une cible de péréquation permettant de mesurer les réductions d'inégalités qu'il faudrait atteindre pour instaurer l'égalité réelle, tout en respectant la libre administration. Si de tels mécanismes existent dans d'autres pays, le législateur français se montre réticent à créer ce type d'objectif (2).

1. Les critères de mesure des inégalités

La mesure des inégalités entre collectivités territoriales ne constitue pas une science exacte et atteste des nombreuses évolutions depuis trente ans. Ainsi, certains critères ne sont pratiquement plus utilisés comme l'effort

[31] Voir M. Houser, *Le droit de la péréquation financière*, GRALE, 2015, p. 209 et suiv.

fiscal[32], alors que d'autres indicateurs comme le potentiel fiscal ou financier sont, désormais, régulièrement employés.

Le véritable objectif de la péréquation dans les années à venir réside dans l'évaluation des dépenses auxquelles sont confrontées les collectivités défavorisées.

Si parfois, le nombre de logements ou la longueur de voirie sont utilisés, la généralisation des critères de charges demeure incertaine. L'emploi d'autres critères s'avère toutefois aléatoire, car il est difficile de distinguer les dépenses nécessaires ou obligatoires de la collectivité, de celles que l'on pourrait qualifier de « dispendieuses ». L'une des tendances actuelles consiste donc à utiliser le revenu des habitants comme révélateur des charges auxquelles sont soumises les collectivités territoriales.

Cela explique que dans le cadre du FPIC, un *« indice synthétique de ressources et de charges »* soit utilisé, se composant à 60% du revenu par habitant, à 20% du potentiel financier agrégé par habitant et à 20% de l'effort fiscal. Régulièrement, la DGCL confirme la bonne corrélation existante entre les charges effectives supportées par les communes et les intercommunalités et les revenus moyens de leurs habitants[33].

Pour les régions, un indicateur de ressources fiscales a été créé pour l'application de l'article L. 4332-8 du CGCT, qui désormais, en complément des impositions forfaitaires sur les entreprises de réseaux (IFER) et de la part régionale de la contribution sur la valeur ajoutée (CVAE), prend en compte la taxe intérieure de

---

[32] Créé par la loi du 6 janvier 1966, cet indicateur calcule la pression fiscale exercée par la collectivité.

[33] Sénat, rapport d'information sur *la péréquation financière entre les collectivités territoriales : les choix de la commission des finances du Sénat*, 6 juillet 2011, P. Dallier, C. Guéné, P. Jarlier et A. de Montgolfier.

consommation sur les produits énergétiques (TICPE) et la taxe sur les certificats d'immatriculation des véhicules.

A cette amélioration des indicateurs-critères devrait s'ajouter la mise en place d'une cible de péréquation.

2. Les objectifs de réduction des inégalités

La cible de péréquation consiste soit à définir un taux de réduction des inégalités, soit un volume de péréquation. La fixation d'une cible chiffrée à la péréquation a été envisagée par la loi du 4 février 1995[34]. Selon l'article 68 de cette loi :

« les ressources ainsi calculées, rapportées, par an, au nombre des habitants de l'espace régional considéré, sont corrigées afin de tenir compte des charges des collectivités concernées et de leurs groupements. Elles ne peuvent être inférieures à 80 p. 100 ni excéder 120 p. 100 de la moyenne nationale par habitant des ressources des collectivités territoriales et de leurs groupements ».

Cette disposition, compte tenu de la difficulté de sa mise en œuvre, est restée lettre morte.

En Allemagne, l'idée d'un seuil minimal relatif de richesse garanti aux collectivités les plus pauvres ressemble fortement à la logique en vigueur pour la péréquation horizontale entre Länder allemands (Länderfinanzausgleich). Dans ce système, chaque Land se voit garantir un niveau de recettes par habitant égal à 95 % du niveau moyen national. Le modèle allemand poursuit un objectif de redistribution très ambitieux, impliquant un taux de prélèvement très élevé sur les recettes fiscales des Länder les plus riches (Bavière, Bade-Wurtemberg et Rhénanie du Nord-Westphalie)[35]. L'OCDE

---

[34] *Op. cit.*

[35] Conseil des prélèvements obligatoires, *La fiscalité locale*, 2010, p. 488.

relève également l'existence d'autres mécanismes sensiblement équivalents :

« for instance, the Swedish equalisation grant (for municipalities) aims at equalising 95 % of the difference between a guaranteed tax capacity (set at 115 % of the average) and the actual tax capacity of law municipalities »[36].

Lors des travaux sur le projet de loi de finances pour 2012, le Sénat a voulu recréer un objectif global de péréquation. En effet, le législateur aurait dû s'assurer qu'aucune commune ou ensemble intercommunal n'ait, dans un délai de dix ans à compter de la publication de la présente loi, un indicateur de ressources élargi par habitant, corrigé par les dispositifs de péréquation horizontale, inférieur à 90 % de celui de sa strate démographique. Cette hypothèse, créant sans doute une juridicité trop forte, a été rejetée[37].

L'abandon d'une cible de péréquation est symptomatique d'une péréquation bloquée en raison d'un trop grand nombre de collectivités. L'utilisation de l'EPCI au détriment des communes dans la mise en œuvre de la péréquation faciliterait pourtant la mesure des inégalités et pourrait contribuer à introduire plus facilement une cible de péréquation.

La longue marche vers l'égalité réelle est désormais activée au sein du droit français. Cependant, cette quête semble vaine en raison d'un dépassement impossible de l'égalité formelle.

---

[36] OCDE, *Intergovernmental transfers and decentralized public spending*, 2006, p. 144.

[37] M. Houser, « La péréquation, objet de toutes les attentions de la loi de finances pour 2012 », *AJCT*, janvier 2012, pp. 4-6.

II. Une égalité financière réelle encore incertaine : les limites de la péréquation

La jurisprudence du Conseil constitutionnel, considérant la péréquation comme un simple objectif à valeur constitutionnelle, n'est pas un hasard, cela reflète la nécessaire prise en compte de la libre administration (A) et du principe d'égalité réelle (B), limitant l'affirmation d'une véritable politique de péréquation.

A. La défense par les collectivités territoriales de la libre administration

Consacrée constitutionnellement malgré des incertitudes théoriques et doctrinales, la libre administration impose de défendre l'autonomie budgétaire des collectivités territoriales, c'est-à-dire la liberté de définir son volume de dépenses.

Ce faisant, la péréquation doit pour évaluer les inégalités entre collectivités territoriales prendre en compte les dépenses auxquelles elles sont confrontées (1). Cependant, on peut se demander si l'affirmation de la libre administration n'est pas trop ancrée dans notre ordre juridique car, poussée à son paroxysme, elle aboutit à une distinction entre la compensation des compétences transférées et les mécanismes de péréquation, nuisant à logique de solidarité territoriale (2).

1. L'expression de la libre administration dans le refus d'accroissement de la péréquation

L'affirmation de la libre administration comme limite à la péréquation peut revêtir différentes formes : soit par le biais de l'autonomie financière, soit par le biais du respect de la population comme logique révélant les dépenses des collectivités, soit par l'instauration de mécanismes de plafonnement des dispositifs de péréquation.

La libre administration des collectivités territoriales, malgré sa consécration constitutionnelle, s'avère difficile à définir. Ces incertitudes s'accroissent lorsqu'on s'interroge sur sa portée en matière financière. Certes, le Constituant a forgé un nouveau concept, celui d'autonomie financière, mais celui-ci n'a vocation qu'à définir la part que représentent certaines ressources, notamment fiscales par rapport à l'ensemble des ressources rapportées à l'année 2003. Aussi, son utilité en matière de péréquation ne pouvait qu'être limitée.

Une étude rapide du droit positif laisserait penser que la péréquation est soluble au sein de l'autonomie financière. En effet, le juge constitutionnel a considéré, dans sa décision du 29 juin 2012, que le dispositif de péréquation des droits de mutation à titre onéreux (DMTO) conduit :

« à redistribuer une fraction de cette ressource propre des départements au sein de cette catégorie de collectivités territoriales ; [les ressources péréquées] *n'ont donc pas pour effet de modifier la part déterminante des ressources propres de cette catégorie »*[38].

Aussi, la péréquation n'est pas limitée par le concept d'autonomie financière. Il en va différemment de la dotation globale de fonctionnement (DGF), principale dotation de l'Etat aux collectivités territoriales et de la dotation de base constituant une composante de la DGF. Aux termes de l'article L. 2334-7 du CGCT, la dotation forfaitaire comprend une dotation de base :

« destinée à tenir compte des charges liées à l'importance de sa population. A compter de 2011, cette dotation de base est égale pour chaque commune au produit de sa population par un montant de 64,46 euros par habitant à 128,93 euros par habitant en fonction

[38] CC, décision du 29 juin 2012, op. cit.

croissante de la population de la commune, dans des conditions définies par décret en Conseil d'Etat ».

La formule de calcul donné par l'article R. 2334-3 du CGCT précise les modalités de calcul, en définissant un coefficient logarithmique, dont la valeur varie en fonction de la population.

Population	**Coefficient**
Inférieure ou égale à 500 habitants	1
Supérieure à 500 habitants et inférieure à 200 000 habitants	1 + 0,38431089 x log (population / 500)
Supérieure ou égale à 200 000 habitants	2

Une telle logique, qui néglige totalement la péréquation, explique le projet de réforme de la DGF contenu dans la loi de finances pour 2016, mais dont l'application a été repoussée en 2017[39].

La dernière forme d'affirmation de la libre administration réside dans l'instauration de plafonds aux dispositifs de péréquation. L'objectif étant que :

« les règles fixées par la loi sur le fondement du dernier alinéa de l'article 72-2 de la Constitution ne doivent pas restreindre les ressources des collectivités territoriales au point de dénaturer le principe de libre administration de ces collectivités, tel qu'il est défini par l'article 72 de la Constitution »[40].

---

[39] Loi n° 2015-1785 du 29 décembre 2015 *de finances pour 2016*, *JORF* du 30 décembre 2015 p. 24614 ; décision n° 2015-725 DC du 29 décembre 2015, *Loi de finances pour 2016.*

[40] CC, décision n° 2012-255/265 QPC du 29 juin 2012, *Départements de la Seine-Saint-Denis et du Var [Fonds national de péréquation des droits de mutation à titre onéreux perçus par les départements]*, considérant 7.

En réalité, est visé à travers le maintien de ressources pour les collectivités, la possibilité pour elles de dépenser ultérieurement, expliquant l'essor de mécanismes de plafonnement des dispositifs de péréquation.

L'essor de ces procédés trouve son origine dans la décision du 6 mai 1991 du Conseil constitutionnel dans laquelle celui-ci précise, pour estimer qu'il n'y a pas d'atteinte à la libre administration par le fonds de péréquation créé par la loi du 13 juillet 1991 :

« qu'il est spécifié cependant par le cinquième alinéa de l'article L. 263-4 que le prélèvement ne peut excéder 5 p. 100 du montant des dépenses réelles de fonctionnement de la commune »[41].

Cela explique ainsi l'existence, dans de nombreux dispositifs, d'un mécanisme de plafonnement automatique comme en matière de FPIC[42], limitant l'affirmation de la péréquation.

2. La distinction entre la compensation des transferts de compétences et la péréquation

L'essor de la décentralisation aurait pu s'accompagner d'un renforcement de la péréquation. Or, dans la plupart des transferts de compétences, la péréquation demeure étrangère au dispositif de financement mis en œuvre.

La seule dérogation majeure concerne la mise en place des compensations versées par la Caisse nationale solidarité et autonomie (CNSA) aux départements en matière d'aide personnalisés à l'autonomie (APA). Le versement de la CNSA obéit à quatre critères : population

---

[41] Considérant 17

[42] La somme des prélèvements subis par un ensemble intercommunal ou une commune isolée au titre du FPIC de l'année n et du fonds de solidarité des communes de la région d'Ile-de-France (FSRIF) de l'année n-1 ne peut excéder, en 2015, 13% des ressources fiscales agrégées (RFA), conformément à l'article L.2336-3 du CGCT.

âgée de 75 ans et plus (50 %) ; dépenses d'APA (20 %) ; potentiel fiscal (25 %) ; dépenses RSA (5 %)[43].

L'absence de prise en compte d'une logique péréquatrice au sein des transferts de compétences résulte d'une volonté de préserver la libre administration. Le Conseil constitutionnel a, en effet, défini progressivement sa position en construisant dans un premier temps son raisonnement à propos des ressources des collectivités territoriales. Il a ainsi considéré que l'article 72-2 alinéa 5 de la Constitution :

« qui a pour but de concilier le principe de liberté avec celui d'égalité par l'instauration de mécanismes de péréquation financière, n'impose pas que chaque type de ressources fasse l'objet d'une péréquation »[44].

Puis, dans un deuxième temps, son interprétation a été étendue aux transferts de compétences, en estimant que le cinquième alinéa de l'article 72-2 de la Constitution, qui a pour but de concilier le principe de liberté avec celui d'égalité par l'instauration de mécanismes de péréquation financière, n'impose pas que chaque transfert ou création de compétences donne lieu à péréquation[45].

Cependant, il apparaît que la décentralisation, presque par nature, crée ou renforce les inégalités entre territoires. Aussi, cette prise en compte aboutit à l'essor de nombreux dispositifs créés par le législateur *a posteriori* en réaction à la découverte des inégalités engendrées par les transferts de compétences, expliquant la sédimentation des réformes successives et la difficile compréhension du fonctionnement du système actuel.

---

[43] Décret n° 2004-1384 du 22 décembre 2004.

[44] Décision n° 2003-474 DC du 17 juillet 2003, op. cit., considérant n° 18.

[45] CC, décision n° 2003-487 DC, 18 décembre 2003, cons. 15, JORF du 19 décembre 2003, p. 21686, rec. p. 473.

Ainsi, en matière de RSA, l'insuffisance de la compensation versée est comblée partiellement par un fonds de mobilisation départementale pour l'insertion (FMDI) se décomposant en trois parts :

n) une première part au titre de la compensation, qui a pour objet de tenir compte de l'écart entre la compensation établie conformément aux règles constitutionnelles et la dépense réglée par les départements ;
o) une deuxième part au titre de la péréquation : cette dernière est répartie en prenant en compte les critères de ressources et de charges des départements métropolitains, tels que le potentiel financier et le nombre d'allocataires du RSA, rapporté au nombre d'habitants ; elle comprend, en outre, une quote-part Outre-mer ;
p) une troisième part au titre de l'insertion : elle vise à soutenir les départements qui se sont investis pour accompagner les bénéficiaires du RSA.

Dans une décision de 2011, le Conseil constitutionnel a, par ailleurs, précisé sa pensée à propos d'une question prioritaire de constitutionnalité (QPC) déposée par plusieurs départements concernant les compensations existantes en matière d'APA, de PCH et de RSA[46]. Il a

---

[46] CC, décision n° 2011-144 QPC du 30 juin 2011, *Départements de l'Hérault et des Côtes-d'Armor [Concours de l'État au financement par les départements de la prestation de compensation du handicap], JO du 1er juillet 2011, p. 11303 ;* décision n° 2011-143 QPC, *Départements de la Seine-Saint-Denis et de l'Hérault [Concours de l'État au financement par les départements de l'allocation personnalisée d'autonomie], JORF du 1er juillet 2011, p. 11299 ; CC,* décision du 30 juin 2011 n° 2011-142/145 QPC, *Départements de la Seine-Saint-Denis et autres [Concours de l'État au financement par les départements du RMI, du RMA et du RSA], JORF du 1er juillet 2011, p. 11294.*

estimé qu'il n'y avait pas d'atteinte à la libre administration et à la péréquation, cependant, il a posé une réserve d'interprétation, en indiquant qu'il fallait tenir compte :

« de la situation différenciée des départements au regard de l'évolution des charges liées à l'exercice de leur compétence en matière d'allocation de revenu minimum d'insertion et de revenu de solidarité active »[47].

Le législateur a progressivement pris conscience de la nécessité de prendre en compte les charges auxquelles sont confrontées les collectivités, notamment lorsque celles-ci résultent de transferts de compétences.

Dès 2010, de nouvelles inégalités en matière de fiscalité liées à la réforme de la fiscalité locale ont abouti à la création de deux fonds, un au niveau régional et un au niveau départemental, dans lesquels certains critères des compétences transférées apparaissent.

Plus précisément, les ressources du fonds sont réparties entre les départements en trois parts égales en fonction :

a) de la population de chaque département ;

b) du nombre de bénéficiaires des minima sociaux et de l'allocation personnalisée d'autonomie de chaque département ;

c) de la longueur de la voirie départementale de chaque département.

Toutefois, on aboutit à une confusion des logiques :

q) en matière de transferts de compétences, aucune péréquation n'est mise en œuvre

r) en matière de modification de la fiscalité, a été introduit des critères évaluant les dépenses des départements en matière de transfert de compétences.

[47] Ibid, décision n° 2011-142/145.

Ce mode de gouvernance et de mise en œuvre des politiques publiques interroge et conduit à un système, notamment pour les conseils départementaux, relativement complexe et opaque, favorisant la recentralisation.

Désormais, l'Etat, en fin d'année, finance les départements rencontrant un certain nombre de difficultés financières. L'article 48 de la loi du 29 décembre 2012 permet, selon un certain nombre de critères, d'accorder des fonds à un département à l'issue d'une convention. Celle-ci « *précise le montant de la subvention et indique les mesures prises par le département pour améliorer sa situation financière* »[48]. Par ce biais, certaines mesures impactant la libre administration peuvent être imposées.

Finalement, la logique demeure relativement confuse et ne permet pas de mesurer réellement les inégalités. Cette confusion se renforce à la lumière de la prise en compte incertaine des inégalités par le Conseil constitutionnel en raison d'une faible consécration du principe de péréquation.

B. La prise en compte incertaine des inégalités par le Conseil constitutionnel

Cette prise en compte incertaine des inégalités par le Conseil constitutionnel apparaît, à deux égards, d'une part en raison de l'absence d'analyse économique (1) et, d'autre part, en refusant de reconnaître à la péréquation le statut de « droits et libertés » que la Constitution garantit dans le cadre de la question prioritaire de constitutionnalité (QPC) (2).

---

[48] Loi n° 2012-1510 du 29 décembre 2012 *de finances rectificative pour 2012*, JORF du 30 décembre 2012, p. 20920.

1. L'absence d'analyse économique

L'appréciation économique d'une règle de droit ne constitue pas un objectif du Conseil constitutionnel. Cependant, l'effectivité du principe d'égalité dépend des conséquences économiques et financières de certaines règles. Cette absence de prise en compte se manifeste dans différents pans de sa jurisprudence, comme par exemple en matière d'impôt, avec l'absence d'appréciation du système fiscal dans sa globalité et une analyse se limitant à un impôt donné.

En matière de péréquation, l'une des particularités française réside dans l'utilisation trop poussée du critère des ressources dans les indicateurs de mesure des inégalités[49]. En effet, certaines collectivités disposant de ressources importantes sont, en réalité, confrontées à des dépenses bien plus importantes, mais le dispositif législatif aboutit à ce qu'une collectivité soit contributrice à un fonds de péréquation mais également bénéficiaire. C'était en l'occurrence la situation du département de la Seine-Saint-Denis à propos de la création du fonds de péréquation des droits de mutation. Le Conseil constitutionnel, niant cette particularité, qui au-delà de l'existence d'inégalités s'avère illisible, estime même que

« les critères de détermination des départements contributeurs et des départements bénéficiaires comme les

---

[49] Selon la Cour des comptes, en 2014, *« il conviendrait, dans un souci de cohérence d'ensemble et de lisibilité, d'adapter les dispositifs de péréquation existants afin de les faire dépendre d'indicateurs, peu nombreux au total, inspirés par les mêmes logiques d'évaluation des niveaux de richesse. Pour chaque catégorie de collectivités, le choix d'un indicateur synthétique de ressources et de charges devrait être privilégié, les charges, à l'exemple du choix effectué pour le FPIC, pouvant être représentées efficacement par le revenu moyen par habitant »* Cour des comptes, *Les finances publiques locales*, 2014, p. 211.

critères de redistribution retenus sont objectifs et rationnels. Ils sont en lien direct avec l'objectif poursuivi par le législateur de redistribuer les recettes provenant de la part départementale des droits de mutation à titre onéreux. Il n'en résulte pas de rupture caractérisée de l'égalité des collectivités territoriales devant les charges publiques »[50].

Cette position critiquable aurait pourtant pu être analysée différemment, notamment en raison du fait que le Conseil a considéré, dans une décision du 29 décembre 2009, que la péréquation *« peut corriger non seulement les inégalités affectant les ressources, mais également les inégalités relatives aux charges »*[51]. Cette prise en compte incertaine des inégalités se confirme au regard de la jurisprudence du Conseil constitutionnel, refusant de considérer la péréquation comme un droit garantit par la Constitution.

2. Le refus du Conseil constitutionnel de considérer la péréquation comme un droit garantit par la Constitution

Dans sa décision du 22 septembre 2010, *Commune de Besançon et autre*[52], le Conseil constitutionnel a refusé de voir dans les dispositions de l'article 72-2 alinéa 5 de la C, un droit que garantit la Constitution au sens de l'article 61-1 de la Constitution.

S'appuyant sur cette construction un peu bancale, le Conseil d'État, le 4 avril 2012, accepte malgré tout de saisir le Conseil constitutionnel dans le cadre d'une QPC

---

[50] CC, décision du 29 juin 2012, n° 2012-255/265 QPC, cons. 8, JORF du 30 juin 2012, p. 10805, rec. p. 315.

[51] CC, décision n° 2009-599 DC *Loi de finances pour 2010 JORF du 31 décembre 2009, p. 22995.*

[52] CC, décision n° 2010-29/37 QPC du 22 septembre 2010, *Commune de Besançon et autre [Instruction CNI et passeports],* JORF du 23 septembre 2010, p. 17293.

relative au fonds de péréquation des droits de mutation à titre onéreux[53] :

« Considérant que l'article L. 3334-18 du code général des collectivités territoriales, dans sa version antérieure à la loi du 28 décembre 2011, est applicable au litige dont est saisi le tribunal administratif de Montreuil ; que cette disposition n'a pas déjà été déclarée conforme à la Constitution par le Conseil constitutionnel ; que le moyen tiré de ce qu'elle porte atteinte aux droits et libertés garantis par la Constitution, et notamment au principe d'égalité, soulève une question présentant un caractère sérieux ; qu'ainsi, il y a lieu de renvoyer au Conseil constitutionnel la question prioritaire de constitutionnalité invoquée par le Département de la Seine-saint-denis »[54].

Le Conseil constitutionnel examine donc la demande au regard du principe d'égalité

« 4. Considérant que, si l'article 13 de la Déclaration des droits de l'homme et du citoyen de 1789 n'interdit pas de faire supporter, pour un motif d'intérêt général, à certaines catégories de personnes des charges particulières, il ne doit pas en résulter de rupture caractérisée de l'égalité devant les charges publiques ».

Si l'interprétation effectuée par le Conseil d'Etat permet de renvoyer au Conseil constitutionnel certaines questions relatives à la péréquation, ce « subterfuge » utilisé, alors que la péréquation a été inscrite dans la Constitution, illustre les réticences de l'ordre juridique français face à l'égalité matérielle entre collectivités territoriales.

Matthieu Houser
Maître de Conférences en droit public (HDR)
Univ. Bourgogne Franche-Comté CRJFC (EA n° 3225) - GRALE

---

[53] CE, 4 avril 2012, *Département de la Seine-Saint Denis*, req. n° 356633, *AJDA*, 2012, p. 793.
[54] *Ibid.*

L'égalité par l'interdiction de tutelle

Martine Long
Maître de conférences – HDR en droit public
Université d'Angers (DCS 3128)

Le principe d'interdiction de tutelle d'une collectivité territoriale sur une autre est une conséquence logique du principe de libre administration et du principe de l'égalité entre les collectivités territoriales. Chaque collectivité disposant d'une liberté de gestion, elle ne peut se faire dicter des obligations en dehors d'une loi. De la même façon, les collectivités territoriales étant égales, elles ne peuvent se voir imposer une obligation par une autre collectivité. Le principe d'égalité entre les collectivités territoriales est un principe issu de la Révolution française qui a trouvé consécration dans la jurisprudence constitutionnelle[1]. Cette dernière admet cependant des différenciations statutaires ou des mesures de discriminations positives tenant compte de la fragilité de certains territoires.

L'interdiction de tutelle est quant à elle directement issue des lois de décentralisation de 1982/1983 et d'une peur de l'hégémonie des régions. Ce principe a été posé à l'origine dans la loi du 7 janvier 1983 et codifié à l'article

---

[1] Déc. n° 86-209 du 3 juillet 1986, loi de finances rectificative pour 1986, Rec. C.const. 86 ; AIJC 1986, 445, B. Genevois ; Pouvoirs 1987, n°40 p.181 ; RDP 1989, 399, L. Favoreu.

L. 1111-3 du CGCT[2]. Par ailleurs, l'article L. 1111-4 du CGCT, dans sa rédaction issue de la loi du 6 février 1992 relative à l'administration territoriale de la République, précise que « les décisions prises par les collectivités locales d'accorder ou de refuser une aide financière à une autre, ne peuvent avoir pour effet l'établissement ou l'exercice d'une tutelle, sous quelque forme que ce soit, sur celle-ci. »

Le principe a acquis une valeur constitutionnelle dans le cadre de la révision constitutionnelle de 2003. L'article 72-al.5 de la Constitution, reprenant en cela la jurisprudence du Conseil constitutionnel[3], énonce ainsi qu' « aucune collectivité ne peut exercer une tutelle sur une autre », tout en reconnaissant que « lorsque l'exercice d'une compétence nécessite le concours de plusieurs collectivités territoriales, la loi peut autoriser l'une d'entre elles ou un de leurs groupements à organiser les modalités de leur action commune. »

Si le principe est clair dans sa formulation, il l'est beaucoup moins dans sa matérialisation.

La thématique implique dans un premier temps de définir la notion de tutelle. Selon, la définition donnée par Yves Luchaire, la tutelle s'entend « d'un régime d'autorisation à obtenir pour permettre à une collectivité de décider de son administration »[4]. La tutelle se conçoit ainsi comme un pouvoir d'annulation, d'autorisation ou de substitution d'une autorité sur une autre. Ce pouvoir doit

---

[2] « La répartition de compétences entre les communes, les départements et les régions ne peut autoriser l'une de ces collectivités à établir ou exercer une tutelle, sous quelque forme que ce soit, sur une autre d'entre elles. »

[3] Déc. n° 2001-454 du 17 janvier 2002, AJDA 2002, p.100, note J.-E. Schoettl.

[4] Y. Luchaire, « La persistance de la tutelle dans le droit des collectivités territoriales », AJDA 2009, p. 1134.

être reconnu par un texte selon l'adage « pas de tutelle, sans texte ». La tutelle au sens administrativiste du terme se rapproche ainsi de la notion de tutelle en droit civil définie comme l'exigence d'une autorisation ou d'une approbation du tuteur pour que le pupille puisse agir.

Si dans les relations juridiques Etat/collectivités territoriales, la tutelle est clairement définie et sa fin signifiée, la question de savoir quels sont les actes qui matérialisent une tutelle entre collectivités est beaucoup plus délicate. S'il n'y a pas en effet de hiérarchie entre les collectivités, et de ce fait de rapports de tutelle au sens strict du terme, les situations de tutelles insidieuses ou indirectes sont cependant nombreuses. Ainsi, si l'interdiction de tutelle d'une collectivité sur une autre a été clairement posée, il existe un questionnement certain sur la capacité d'un échelon territorial d'influer sur un autre. Les formes de tutelle indirectes se sont ainsi développées. Elles posent la question de savoir comment se matérialise cette tutelle. L'affaire du subventionnement de l'équipement en eau et assainissement des communes du département des Landes est à cet égard topique. Plus récemment, l'ambition de ce que l'on appelle communément l'acte III de la décentralisation, au-delà du rapport entre l'Etat et les collectivités territoriales, a été de réguler les relations entre ces dernières. La volonté de donner corps à la notion de collectivité chef de file, de mettre en place des conférences territoriales de l'action publique témoignent de ce souci de coordination. La création de schémas régionaux, à portée prescriptive, a relancé le débat sur la notion de tutelle même si au final le Conseil constitutionnel n'a pas soulevé d'objection au dispositif et si l'on reste essentiellement dans un rapport de compatibilité. Il en résulte que si le principe de non tutelle d'une collectivité sur une autre est clairement affirmé, la pratique est plus nuancée. S'il n'existe pas de tutelle entre collectivités au sens d'un pouvoir d'autorisation ou de substitution, il existe bien des formes de contraintes qui permettent à une collectivité d'agir sur la capacité d'action d'une autre.

La question qui se pose donc ici est celle de savoir quelle est la matérialité de la notion de tutelle entre collectivités territoriales et celle de l'évolution de l'action publique qui veut que l'on passe d'un mode libéré à un mode de plus en plus imbriqué et contraint. La liberté locale apparaît ainsi de plus en plus comme un leurre et les grands principes constitutionnalisés en 2003 comme des affirmations qui demeurent des garants juridiques dont la pratique révèle la difficulté d'application.

Ainsi, si le principe de l'interdiction de tutelle est clairement affirmé d'un point de vue juridique (I) et joue un rôle de sentinelle, se développent de plus en plus des formes insidieuses de tutelle (II) qui tendent à limiter les capacités d'action des niveaux infra.

I. Un principe de non tutelle appréhendé de façon stricte par la jurisprudence

La question de la matérialité d'une tutelle ou des formes de tutelle est une question cruciale. Il existe plusieurs types de tutelle : administrative, technique, financière. La problématique de savoir quand est-ce que juridiquement l'on a affaire à une forme de tutelle est une question essentielle. Le fait est que la jurisprudence, conformément à une vision académique, a retenu une définition stricte de la notion de tutelle. Par ailleurs, si le principe de non tutelle est considéré comme « un principe sentinelle », la jurisprudence le relie directement au principe de libre administration et préfère bien souvent en faire un principe dérivé ou second plutôt que de l'invoquer directement.

A. Qu'est-ce qu'une tutelle ?

Le terme tutelle est généralement utilisé entre autorités administratives, le principe étant qu'il ne peut y avoir de tutelle sans texte. Le texte fondant la tutelle, il peut de ce fait paraître curieux de se poser la question de la matérialité de l'existence ou pas d'une tutelle.

La question s'est pour autant présentée à propos d'une affaire particulière concernant la mise en place par le département des Landes d'un subventionnement pour les travaux d'adduction d'eau et d'assainissement des communes et de leurs syndicats ; aide dont le montant était modulé en fonction du choix d'un mode de gestion précis. La question s'est posée à cette occasion de savoir si de ce fait le département n'avait pas institué une forme de tutelle sur les communes. L'affaire a connu multes rebondissements. Rappelons à cette occasion que dans une première acception, le tribunal administratif de Pau dans un jugement du 13 mars 1997[5] avait estimé que « si le principe de libre administration des collectivités territoriales n'empêche pas que les régions ou les départements définissent, dans le cadre des politiques de subventionnement au profit des communes ou syndicats de communes relevant de leurs compétences, des critères incitatifs, il s'oppose à ce que, par ce biais, ils incitent ces communes ou leurs syndicats à retenir un mode de gestion précis du service public concerné par la subvention, ce qui relève de la seule compétence de ces derniers. » Cette solution a été confirmée par le juge d'appel. Cette position a été par la suite, infirmée par le Conseil d'Etat[6] qui précise que « les décisions des collectivités locales

---

[5] TA, 7 février 1996, AJDA 1997, p. 542, note J.-L. Rey, Grands arrêts du droit de la décentralisation, 2ème éd., n°5.

[6] CE, ass., 12 décembre 2003, Département des Landes, req.n° 236442.

d'accorder ou de refuser une aide financière à une autre collectivité locale ne peuvent avoir pour effet l'exercice d'une tutelle, sous quelque forme que ce soit sur elle. » Il relève à ce titre que « si la délibération a entendu, par une modulation du taux des subventions, inciter financièrement les communes à gérer en régie leurs réseaux d'eau et d'assainissement plutôt que de les affermer, elle n'a pas subordonné l'attribution de ces aides à une procédure d'autorisation et de contrôle. »[7]

L'affaire aurait pu en rester là, sans la volonté du législateur de contrer la jurisprudence précitée. Ce dernier a, en effet, introduit dans le cadre de l'article 54 de la loi sur l'eau n° 2006-1772 du 30 décembre 2006[8], un article L. 2224-11-5 au CGCT précisant que « les aides publiques aux communes et groupements de collectivités territoriales compétents en matière d'eau potable ou d'assainissement ne peuvent être modulées en fonction du mode de gestion du service. »

Pour autant, à l'occasion d'une QPC, le Conseil constitutionnel va invalider la disposition en question en estimant que le législateur avait porté atteinte au principe de libre administration en interdisant aux départements de moduler, en fonction du mode de gestion du service en cause, les aides allouées aux communes et groupements des collectivités territoriales compétents en matière d'eau potable ou d'assainissement[9] : « Considérant que, par la

---

[7] CE, ass 12 déc. 2003, rec. p. 502, AJDA 2004 195, chron. F. Donnat et D. Casas ; RFDA 2004 518 concl. F. Séners, 525 note JC Douence.

[8] L. Richer, AJDA 2007, p. 1168.

[9] Le régime des subventions aux services d'eau est inconstitutionnel, S. Brondel, AJDA 2011, p. 1407 ; S. Braconnier, La liberté de gestion des services publics à l'épreuve de la QPC, AJDA 2011, p. 1809 ; J.-D. Dreyfus, La liberté de décider les modalités d'octroi des subventions est protégée constitutionnellement, AJ coll. Terr. 2011, p. 561 ; P. Demaye-Simoni, Le principe constitutionnel de libre administration autorise la modulation des aides financières entre collectivités territoriales,

disposition contestée, le législateur a entendu interdire aux collectivités territoriales, et notamment aux départements, de moduler les aides allouées aux communes et groupements de collectivités territoriales compétentes en matière d'eau potable ou d'assainissement en fonction du mode de gestion du service en cause ; que cette interdiction de moduler les subventions, selon le mode de gestion du service d'eau potable et d'assainissement, restreint la libre administration des départements au point de méconnaître les articles 72 et 72-2 de la Constitution »

La question de la matérialité d'une tutelle, entendue comme un pouvoir d'influencer une décision d'une autre collectivité n'est on le voit, à la lumière de cette affaire, pas des plus évidente. Si le principe de libre administration est respecté ainsi que le pouvoir de décision à l'échelon local, nul doute cependant que l'incitation financière n'est pas sans incidence sur les choix effectués. Il ne s'agit cependant pas d'une tutelle au sens classique du terme mais d'une simple incitation.

L'affaire a connu d'ailleurs un nouveau rebondissement plus récemment, toujours sur le même fondement[10]. Par

---

Constitutions 2012, p. 51 ; M. Verpaux, Quand le Conseil constitutionnel veille au respect de la libre administration des collectivités territoriales, AJDA 2011, p. 2067 ; H. Pauliat, Libre administration des collectivités territoriales ou libre administration de chaque collectivité ?, JCP Adm. 2011, n° 35, p ; 25 ; A. Carton, Le principe de libre administration des CT et la QPC : enjeux financiers, perspectives nouvelles ? RLCT oct. 2011, n° 72, p. 9 ; J.-B. Auby, L'intervention départementale en faveur de la gestion d'un service communal en régie, Dr. Adm. 2011, n° 11, p.31 ; P. Terneyre, Le législateur peut-il constitutionnellement interdire aux départements de moduler leurs aides aux communes en fonction du mode de gestion du service public aidé ?, RJEP nov. 2011, n° 691, p. 11.

[10] CAA de Bordeaux, 3 mars 2014, AJDA 2014, p. 1357 ; Un département peut réserver ses aides aux communes gérant leur service d'alimentation en eau et d'assainissement en régie, J.-D. Dreyfus, AJ Coll. terr. 2014, p. 392 ; Le retour de la jurisprudence Département des Landes ?, P. Combeau, AJDA 2014, p. 1830.

deux délibérations du 7 novembre 2008, le conseil général des Landes avait établi le montant des aides départementales susceptibles d'être allouées aux communes rurales et à leurs groupements gérant leurs services d'eau et d'assainissement en régie. La fédération professionnelle des entreprises de l'eau a de nouveau saisi le tribunal administratif, ce dernier n'ayant que partiellement fait droit à leur requête, la cour administrative d'appel de Bordeaux a été saisie. Cette dernière s'est à cette occasion conformée à la position donnée par le Conseil d'Etat en 2003, même si le contenu de la délibération en question n'est pas totalement similaire. Il a été ainsi jugé que la délibération du conseil général n'entrave pas la liberté de choix des communes et de leurs groupements et que dès lors la délibération est légale[11].

B. Un principe garant de l'égalité entre les collectivités

La question de savoir ce qui constitue une tutelle d'une collectivité sur une autre a très largement alimenté les travaux de la doctrine. Le texte même de la loi de 1983 laissait entendre une acception large de la notion de tutelle par le biais de la terminologie « sous quelque forme que ce soit ». La jurisprudence a eu une appréciation stricte de la notion de tutelle en faisant prévaloir la vision classique d'une contrainte.

La simple incitation n'est dès lors pas tutelle, dans la mesure où les collectivités disposent d'une capacité de décision. Telle était déjà en germe la position du Conseil

[11] P. Combeau, Le retour de la jurisprudence département des Landes ?, AJDA 2014, p. 1830.

d'Etat en 1968[12]. Dans le cas d'espèce il avait estimé qu'une incitation financière au regroupement des communes ne créait aucune obligation ni aucune sanction à l'encontre des communes qui ne voulaient pas fusionner. De la même façon, le Conseil constitutionnel dans sa décision sur la loi organique portant statut d'autonomie de la Polynésie française en 2004[13] avait estimé que le fait de confier à la Polynésie française le soin d'autoriser, dans les communes où il n'existe pas de service d'assainissement assuré par la Polynésie, les communes ou les EPCI à prescrire certaines mesures d'assainissement, n'avait pas pour effet d'instaurer une tutelle de la Polynésie française sur l'exercice par les communes d'une de leurs compétences.

L'analyse montre d'ailleurs que les juges préfèrent se fonder sur le principe de libre administration, le principe de non tutelle ne venant bien souvent qu'en appui du raisonnement. Cette tendance est soulignée par Anne-Sophie Gorge, dans sa thèse[14], l'arrêt département des Landes de 2003 constituant une exception. L'appréhension mise en avant par le Conseil constitutionnel, dans le cadre de la question prioritaire de constitutionnalité précitée confirme cette tendance.

La difficulté d'appréhension de ce qui constitue une tutelle amène à vider quelque peu ce principe de son intérêt pratique. Le rôle qu'il lui est assigné dans le respect de l'égalité entre les collectivités et du principe de libre administration demande ainsi à être affiné. D'autres

---

[12] CE 13 décembre 1968, Fédération nationale des élus républicains, municipaux et cantonaux, Rec. p. 644, AJDA 1969 p. 33, concl. J. Khan, p. 22, chron. J.-L. Dewost et R. Denoix de Saint-Marc.

[13] Déc. n 2004-490 du 12 février 2004 sur la loi organique portant statut d'autonomie de la Polynésie française.

[14] A.-S. Gorge, Le principe d'égalité entre les collectivités territoriales, Dalloz 2010, p. 116.

décisions que celle département des Landes ont amené à peaufiner la réflexion. On peut citer à ce titre la décision du Conseil constitutionnel du 9 décembre 2010 loi de réforme des collectivités territoriales[15], qui concernait la création du fameux conseiller territorial, conseiller unique ayant vocation à siéger à l'échelon départemental et régional. A ce propos le juge constitutionnel, précise que les dispositions législatives instituant les conseillers territoriaux « ne confiaient pas à la région le pouvoir de substituer ses décisions à celles du département ou de s'opposer à ces dernières, ni celui de contrôler l'exercice de ses compétences ; que, par suite, elles n'instituaient pas une tutelle de la région sur le département. »

La structuration de l'intercommunalité et les pouvoirs confiés au préfet sont également une question particulièrement prégnante. Si en France l'intercommunalité s'est développée sur un principe de volontariat, l'époque contemporaine a eu tendance à imposer, les restructurations en cours sont d'ailleurs assez extraordinaires. Il n'est pas question ici de discuter de l'avenir de la commune et de l'impact des nouveaux transferts de compétences opérés au profit des EPCI à fiscalité propre dans le cadre de la loi du 7 août 2015. Même si le principe demeure d'une compétence d'attribution pour les structures intercommunales les mouvements sont en marche et la commune voit de plus en plus son champ se restreindre. Ces recompositions bénéficient cependant d'un fondement législatif et nous sommes ici sous un angle d'attaque davantage de science administrative que du droit. D'un point de vue juridique la question a pu être posée de la constitutionnalité des différents dispositifs d'adhésion obligatoire d'une commune à un EPCI. Il

---

[15] AJDA 2011, p. 99, note M. Verpeaux et p. 129, tribune G. Marcou ; AJCT 2011, p.25, obs. J.-D. Dreyfus.

s'agit pour autant, ici d'une question qui intéresse non la problématique de la tutelle d'une collectivité sur une autre, mais bien les pouvoirs renforcés reconnus au préfet afin d'imposer un schéma institutionnel. Rappelons à ce titre que dès 2013[16], Le Conseil constitutionnel avait estimé concernant le pouvoir de contraindre une commune de rejoindre un EPCI contre sa volonté que si ce dernier porte atteinte au principe de libre administration des collectivités territoriales, cette atteinte est justifiée par un motif d'intérêt général qui est l'achèvement et la rationalisation de la carte de l'intercommunalité. De la même façon, dans sa décision « Commune de Maing »[17], le Conseil devait se prononcer sur la constitutionnalité d'une disposition permanente du CGCT qui soumet la décision de retrait d'une commune d'un EPCI existant à la règle de majorité en matière de décisions institutionnelles (soit majorité des conseils municipaux représentant les 2/3 de la population, soit 2/3 des conseils municipaux représentant la majorité de la population). L'organisation législative du dispositif prime ici sur les éventuelles atteintes au principe de libre administration. Le dispositif est validé[18].

Par contre dans une décision du 25 avril 2014 Communes de Thonon-les-Bains et Saint-Ail[19], dans le cadre d'une question prioritaire de constitutionnalité, le Conseil constitutionnel a déclaré l'inconstitutionnalité de l'article L. 5210-1-2 du CGCT permettant le rattachement obligatoire d'une commune à un EPCI ou d'un EPCI à un

[16] QPC no 2013-303, Commune de Puyravault.
[17] QPC, Déc. n° 2013-304
[18] Voir également : CConst 23 janvier 2014, loi de modernisation de l'action publique territoriale et d'affirmation des métropoles, JCP adm. 2014 n°8 p. 19 note M. Verpeaux, conformité de l'adhésion forcée de certaines communes à la Métropole du grand Paris.
[19] AJDA 2013 p. 397 chron. P. Lutton.

autre. Dans le cas d'espèce, le dispositif est censuré dans la mesure où les dispositions contestées ne prévoient aucune prise en compte du schéma départemental de coopération intercommunale, ni aucune consultation des conseils municipaux des communes intéressées.

L'existence d'un principe de non tutelle est juridiquement affirmé tant dans la jurisprudence que dans les textes[20], il peine cependant à trouver sa place dans le contentieux, le juge préférant se fonder en priorité sur le principe de libre administration.

Dans la pratique cependant les formes de tutelle insidieuses ont été confortées dans le cadre de l'acte III de la décentralisation. Le principe de non tutelle a ici joué son rôle, obligeant le législateur à user de subterfuges afin d'éviter toute censure. Si le régime juridique est préservé, la capacité d'action des collectivités est cependant atteinte.

II. Le développement de formes insidieuses de tutelle

La question de la tutelle est appréhendée strictement, les formes d'incitation ou d'action des collectivités territoriales pouvant avoir une incidence sur un autre échelon sont monnaies courantes. La création des métropoles, la montée en puissance des intercommunalités sont autant d'éléments pouvant remettre en question l'égalité entre les collectivités territoriales. L'égalité formelle sera ainsi préservée sans préjudice des évolutions concernant l'égalité réelle. L'acte III de la décentralisation en affirmant la volonté de rationalisation de l'action publique et la nécessaire coordination a relancé le débat sur cette question de la tutelle et de la capacité d'action des collectivités.

---

[20] TA Montpellier 20 juin 1983, commune de Narbonne c/ Région du Languedoc-Roussillon, Rec. p. 561, AJDA 1983, p. 457 note J.-C. Douence, p.678 note O. Dugrip ; CE 6 juin 1986 Département de la côte d'or, Rec. p. 156.

A. La mise en cohérence des compétences

Le principe de l'interdiction pour une collectivité territoriale d'exercer une tutelle sur une autre a suscité de nombreux commentaires au regard de la notion de collectivité chef de file. Effectivement, la révision constitutionnelle de 2003 tout en donnant une valeur constitutionnelle à ce principe précisait par ailleurs « Aucune collectivité territoriale ne peut exercer une tutelle sur une autre. Cependant, lorsque l'exercice d'une compétence nécessite le concours de plusieurs collectivités territoriales, la loi peut autoriser l'une d'entre elles ou un de leurs groupements à organiser les modalités de leur action commune. »

Le Conseil constitutionnel a été amené à préciser la portée de cette affirmation et de ce que l'on appelle communément la collectivité chef de file.

Ainsi, dans sa décision du 24 juillet 2008 sur la loi relative aux contrats de partenariat, le Conseil a-t-il souligné que « les collectivités chef de file ne peuvent disposer d'aucun pouvoir de décision ; elles ne peuvent exercer qu'un simple pouvoir d'organisation des conditions de l'action commune. »

Le Conseil constitutionnel a, à cette occasion, censuré les dispositions concernant le conventionnement entre plusieurs collectivités territoriales dans le cadre de projets relevant de la compétence partagée de ces dernières.

En effet, en autorisant une collectivité à réaliser l'évaluation préalable, à conduire la procédure de passation, à signer le contrat et éventuellement à en suivre l'exécution pour le compte d'autres collectivités, les dispositions législatives concernées ont été déclarées non conformes à l'article 72 de la Constitution, lequel prévoit d'une part qu' « aucune collectivité territoriale ne peut exercer une tutelle sur une autre » et, d'autre part, que la loi peut « autoriser l'une d'entre elles (...) à organiser les modalités de leur action commune » mais pas à déterminer les modalités de l'action commune de plusieurs collectivités.

La notion de collectivité chef de file ou plus précisément la fonction de collectivité chef de file, selon la formule utilisée par Laetitia Janicot[21], bénéficie d'une indétermination juridique. Elle trouve sa matérialité dans un certain nombre d'outils (schémas, contrats) qui vont permettre à un échelon territorial d'orienter et d'inciter les échelons infra. Le support juridique sera ici le support législatif afin de rendre cette notion opérationnelle. Une illustration peut en être donnée en matière de développement économique où la région bénéficie d'une primauté renforcée dans le cadre de la loi Notre. La région est à ce titre chargée de rédiger une schéma régional de développement économique, d'internationalisation et d'innovation[22] et de définir le cadre général des aides à allouer. Le département ne peut intervenir que de façon résiduelle notamment en matière de maintien des services en milieu rural, alors même que les intercommunalités se concentrent essentiellement sur l'immobilier d'entreprise. Les actions des diverses collectivités doivent être compatibles avec les prescriptions du schéma de développement économique élaboré par la région.

---

[21] L. Janicot, La fonction de collectivité chef de file, RFDA 2014, p.472 ; L. Gélin-Racinoux, La fonction de chef de file dans la loi du 13 août 2004, AJDA 2007 283 ; J -F Joye, La notion de chef de file en droit des collectivités, CTI 2003 15 ; L'action commune des collectivités territoriales selon devant le Conseil constitutionnel, Marcou G., in Terres du droit, Mélanges en l'honneur d'Yves Jégouzo, Dalloz 2009, p. 227.

[22] P. Villeneuve, Les nouveaux enjeux du développement économique régional : à propos du schéma régional de développement économique, JCP adm. et CT, n°38-39, p. 15.

La notion de collectivité chef de file[23], a connu une revalorisation dans le cadre de ce que l'on appelle communément l'acte III de la décentralisation. La loi n° 2014-58 du 27 janvier 2014 ayant rétabli, dans un premier temps, la clause générale de compétence pour les départements et les régions deux éléments de mise en cohérence des compétences sont prévus. La désignation de chefs de file pour un certain nombre de compétences et la conférence territoriale de l'action publique afin d'organiser ces dernières. La conférence territoriale de l'action publique[24] a été imaginée comme un lieu de concertation dans lequel les exécutifs de la région s'entendent sur la répartition des compétences et la notion de collectivité chef de file. Elle débouche sur la signature de conventions territoriales d'action concertée, qui engagent les collectivités signataires. Comme l'a souligné Laetitia Janicot, il s'agit ici d'un exercice subtil chaque compétence devant faire l'objet de la désignation d'un chef de file, la répartition donnant lieu à une négociation débouchant sur une convention. Cette structuration inspirée en partie d'une pratique de la région Bretagne aura du mal à s'imposer dans la réalité fonctionnelle. Les premières conférences se sont d'ailleurs déroulées dans une certaine opacité sans publicité particulière. Pour autant, la volonté de certaines intercommunalités d'atteindre le seuil de 30 000 habitants pour pouvoir participer à cette conférence montre qu'il s'agit tout de

---

[23] N. Ferreira, Chef de filât et conférence territoriale et l'action publique, JCP. Adm. et CT, 2014, n° 8, p. 2048.

[24] Selon l'article L. 1111-9-1 du CGCT, la conférence territoriale de l'action publique est composée sous l'égide du président du conseil régional, des présidents des conseils départementaux, des présidents des EPCI de plus de 30 000 habitants, un représentant d'EPCI de moins de 30 000 habitants par département, un représentant par département par catégorie de communes de plus de 30 000, entre 30 0000 et 3 500 et de moins de 3 500 habitants.

même d'un lieu de pouvoir et de décision. La question de l'exercice d'une forme de tutelle peut se poser ici au regard de la faible représentation des petites communes. Certes, la convention d'exercice concertée n'est opposable que lorsqu'elle a été approuvée par l'organe délibérant et signée par le maire, nul doute cependant que certaines collectivités se retrouveront dépourvues face à ce mécanisme.

B. La montée en puissance de la région

La région s'est affirmée comme échelon de planification et de programmation. Créée à l'origine comme territoire d'action, elle est devenue collectivité territoriale avec la loi du 2 mars 1982. La région joue aujourd'hui un rôle stratégique dans un certain nombre de domaines qui vont de l'innovation à la formation professionnelle. La volonté affirmée dès 2004 a été d'en faire un échelon prépondérant. Cette volonté s'est traduite par les recompositions opérées par la loi n° 2015-29 du 16 janvier 2015 relative à la délimitation des régions, aux élections régionales et départementales et modifiant le calendrier électoral et dans une moindre mesure par les timides avancées opérées par la loi du 7 août 2015. Toutefois, si cette dernière n'a pas permis d'affermir le pouvoir normatif des régions, la volonté de rendre prescriptif les schémas régionaux a été en partie maintenue, même si les formulations ont pu évoluer vers des rapports de compatibilité là où à l'origine un régime de conformité était exigé.

La région s'est vue confier au fil du temps toute une série d'obligations en matière de mise en œuvre de ces schémas sectoriels. Ces derniers étaient adoptés soit à titre obligatoire (schéma d'aménagement et de développement durable régional), soit à titre facultatif (schéma régional de développement économique). Il en est résulté une inflation programmatrice et un travail important de rédaction pour les services régionaux. L'ambition est aujourd'hui de redonner de la cohérence à ces différents dispositifs[25]. La volonté est d'une part de regrouper les différents schémas régionaux et par ailleurs de leur donner une portée prescriptive afin d'en accroître l'efficacité. Deux schémas principaux subsistent au final, le schéma régional d'aménagement et de développement du territoire et le schéma régional de développement économique, d'innovation et d'internationalisation, si l'on excepte le schéma régional en matière de déchets et celui sur l'enseignement supérieur.

La question de la portée normative de ces schémas a suscité de nombreux commentaires. La volonté a été de renforcer la portée prescriptive de ces derniers tout en restant dans le cadre constitutionnel. Ces schémas ont ainsi vocation à s'imposer aux échelons inférieurs.

Le schéma de développement économique sera ainsi opposable aux échelons infra régionaux sur un mode de compatibilité. Les actes des communes, EPCI, en matière de développement économique doivent être compatibles avec le schéma régional. Ceux des métropoles avec les orientations applicables au territoire métropolitain. Si le schéma constitue un outil intéressant, la rationalisation des compétences s'est ici jouée davantage en termes de répartition de ces dernières, en supprimant notamment une grande partie des capacités d'action des départements que dans un texte fixant de grandes orientations. Si le dispositif n'est pas nouveau, il se trouve renforcé par la nouvelle législation. Ainsi, si les régions ne devaient adopter un schéma de développement économique que

---

[25] P.Villeneuve, Une nouvelle régionalisation ? Le discours et la méthode : à propos du projet de loi portant nouvelle organisation territoriale de la république, AJCT, 2014, p.418.

dans un cadre expérimental, le schéma de développement économique, d'innovation et d'internationalisation des entreprises devient désormais une obligation. Le poids de la contrainte est cependant fort dans la mesure où une commune ou un groupement ne pourra mettre en place un régime d'aides qu'en complément de la région, de la même façon si l'immobilier d'entreprise reste une compétence du bloc local, les mesures devront respecter les orientations du schéma régional. Rien de très nouveau concernant le régimes des aides aux entreprises sous forme de prestations de services, de subventions, de bonifications d'intérêt, de prêts et avances remboursables, à taux nul ou à des conditions plus favorables que celles du taux moyen des obligations (art. L. 1511-2 CGCT). La nouveauté réside davantage dans la possibilité de négociation offerte dans le cadre des conférences territoriales de l'action publique et dans la concertation précédant l'adoption du schéma.

Concernant le schéma régional d'aménagement et de développement, les règles générales du schéma s'imposent simplement sur un mode de compatibilité aux différents acteurs, alors que les orientations et les objectifs devront être pris en compte dans le cadre des SCOT, PLU, cartes communales, plans de déplacements urbains, plans climat-énergie territoriaux et chartes des parcs naturels régionaux. La préférence donnée au final au régime de compatibilité permet de conserver une certaine souplesse d'action et de ménager les capacités d'action des échelons infra et par la même d'éviter la confrontation à l'exigence de non tutelle[26], même si la mise en œuvre par arrêté préfectoral permet de passer outre cet écueil. On peut pour autant

[26] CE, sect. Intérieur avis 15 nov. 2012, n°387.095 ; B. Faure, Le Conseil d'Etat et le pouvoir réglementaire des collectivités territoriales, AJDA 2013, p. 2240. M. DAVID, Le caractère prescriptif des SCOT, évolutions et interrogations, AJDA 2011, p. 483.

regretter ce montage pour des documents dont la portée opérationnelle est bien souvent discutée[27].

Selon l'article L. 111-9 du CGCT, dans sa nouvelle mouture, la région est chargée d'organiser en qualité de chef de file les modalités de l'action commune des collectivités et de leurs établissements publics pour l'exercice des compétences relatives à l'aménagement et au développement durable du territoire. A l'exception, de l'île de France, de la Corse et de l'outre-mer disposant d'un instrument de planification régionale, chaque région élabore un SRADDT dont l'objet est de « fixer les orientations stratégiques et les objectifs régionaux à moyen ou long terme en matière d'utilisation de l'espace et dans les domaines du logement, de l'intermodalité des transports, de la maîtrise et de la valorisation de l'énergie, de la lutte contre le changement climatique, de la pollution de l'air, de la prévention et de la gestion des déchets.... » Ce schéma est conçu et élaboré par le conseil régional et modifiable tous les six ans. Le préfet de région, les collectivités territoriales, les EPCI, les chambres consulaires, les structures porteuses des SCOT, le CESR sont associés à son élaboration. Le projet de schéma est soumis pour avis aux personnes préalablement associées ainsi qu'à la CTAP et à l'autorité de l'Etat compétente en matière d'environnement. Il est soumis à enquête publique, adopté par délibération du conseil régional et enfin approuvé par arrêté préfectoral. Cette dernière formalité, qui surprend dans une logique décentralisatrice, a constitué le gage afin de rendre ce schéma opposable aux tiers.

La validation du schéma par arrêté préfectoral a permis d'éviter l'écueil d'une censure sur le fondement du

[27] J.-B. Auby, Tutelle d'une collectivité sur une autre ? Drt adm. 2015, n°1, repère1.

principe de non tutelle[28]. Effectivement, dans le cas d'espèce c'est bien l'acte du préfet, représentant de l'Etat, qui rend le schéma opposable.

Ainsi, si théoriquement chaque échelon reste maître de son devenir, la suppression de la clause générale de compétence pour les départements et les régions, ainsi que l'encadrement des capacités d'action dans certains secteurs amènent mécaniquement à faire en sorte que désormais tous les échelons ne peuvent pas tout faire. Une tutelle insidieuse est ainsi actée sur le fondement de la loi et sans que le Conseil constitutionnel n'y ait vu une atteinte au principe de libre administration.

La tutelle sans texte est un état d'esprit, la volonté du législateur contemporain est en la matière claire et vise à essayer de mettre en place de la gouvernance multi-niveaux. Les collectivités territoriales n'y gagnent pas en capacité d'action et la clarté des dispositifs reste à démontrer d'un point de vue juridique et opérationnel.

[28] B. Faure, Le leadership régional : nouvelle orientation du droit des collectivités territoriales ? AJDA 2015, p. 1898.

QUELLE ÉGALITÉ FACE
À LA TERRITORIALISATION DU DROIT ?

Sous la présidence de Laetitia JANICOT,
professeur à l'université de Cergy-Pontoise

Le pouvoir réglementaire des collectivités territoriales

Géraldine Chavrier
Professeur agrégée de droit public,
Ecole de droit de la Sorbonne,
Université Paris I Panthéon-Sorbonne

« Il ne peut y avoir ni vraie liberté, ni justice dans une société, si l'égalité n'y est pas réelle » [1]

Ce glissement de l'égalité formelle vers l'égalité réelle est réclamé épisodiquement en France. Prenant notamment appui sur les travaux de Condorcet, auteur de cette citation, la théorie de l'égalité des chances qui en résulte concerne néanmoins essentiellement l'accès à l'instruction publique sous Condorcet et sous la troisième République, et essentiellement l'éducation nationale aujourd'hui.

Pourtant, l'opposition entre égalité formelle et réelle doit être pensée plus largement et en premier lieu en lien avec les collectivités territoriales.

Il serait faux d'affirmer que la France résiste à cette évolution tant, au contraire, des progrès immenses ont été accomplis ces dernières années. On ne considère, en effet, plus abstraitement les territoires : on tient compte de l'inégalité de fait entre ces derniers, ou tout simplement de différences qui pourraient devenir sources d'inégalités si

[1] Condorcet, Journal d'instruction sociale des citoyens, 1793, FDHIS Paris 1981, p 9

elles n'étaient pas prises en compte par les textes. Ce mouvement a débouché sur les lois Montagne[2] et Littoral[3], par exemple. Il a conduit à admettre –de longue date- des différences de modes de scrutin selon la population communale, ou des visages intercommunaux différents selon le caractère rural ou urbain du territoire concerné…

Aujourd'hui, nul doute que la diversité est enfin à l'œuvre : l'ignorance des situations réelles au nom de l'égalitarisme républicain cède le pas régulièrement face au réalisme.

Simplement, la victoire du pragmatisme sur le dogmatisme ne peut pas non plus se faire au prix des valeurs essentielles de la République française.

Appliquée à la décentralisation, la recherche de l'égalité réelle par la différenciation des normes applicables aux collectivités doit rester compatible avec le principe d'unité de l'Etat, ce qui pose assez rapidement la question de la source normative d'égalitarisation réelle des situations : est-ce à l'Etat ou aux collectivités d'élaborer des règles d'adaptation aux circonstances locales ? (I) Elle pose également la question de la compatibilité de l'égalité réelle avec la conception française de l'égalité, qui admet que des situations différentes soient traitées différemment, mais qui supporte plus difficilement que la diversité puisse permettre des différences d'épanouissement (plutôt que des compensations). (II)

---

[2] Loi modifiée n° 85-30 du 9 janvier 1985 relative au développement et à la protection de la montagne, JO 10 janvier 1985, p.320

[3] Loi modifiée n° 86-2 du 3 janvier 1986 relative à l'aménagement, la protection et la mise en valeur du littoral, JO 4janvier 1986, p. 200

I. Quel pouvoir réglementaire local pour une égalité réelle dans une république unitaire ?

L'indivisibilité de la République française est celle de la souveraineté, ce qui implique une loi unique. Ce principe ne devrait pas s'opposer à la capacité locale d'adopter de simples normes réglementaires encadrant et exécutant des compétences décentralisées. Beaucoup ont cependant contesté cette conclusion, notamment au célèbre colloque d'Angers de 1983[4].

Pourtant, ainsi que l'affirmait Herbert Maisl, lors du même colloque : « *si dans un Etat unitaire, il ne saurait y avoir de pouvoir normatif indépendant et exclusif du pouvoir législatif, on peut se demander si cette solution doit également être étendue au bénéfice du gouvernement. La solution mérite d'être nuancée* »[5]. Or, de nuances, on en trouve guère en réalité.

Les opposants se fondent sur la jurisprudence du conseil constitutionnel de 1987 aux termes de laquelle « *en vertu de l'article 34 de la Constitution la loi détermine les principes fondamentaux de la libre administration des collectivités locales, de leurs compétences et de leurs ressources ; qu'il appartient au pouvoir règlementaire, dans le respect des principes posés par la loi, d'assurer leur mise en œuvre* »[6]. Nul doute, en effet, que le « *pouvoir réglementaire* » visé par ce motif est celui de l'Etat.

Ces opposants oublient cependant la décision n°2004-454 DC du 17 janvier 2002, loi sur la Corse, qui décide qu'il résulte de la combinaison des articles 21 et 72C que

[4] Voir Les cahiers du centre de formation des personnels communaux, n°13, 1983 ; Pour une analyse des interventions : G. Chavrier, Le pouvoir normatif local, enjeux et débats, LGDJ, 2011, 160 p.

[5] Idem p. IX

[6] Déc. 87-237DC, 30 décembre 1987, Loi de finances pour 1988

« ces dispositions permettent au législateur de confier à une catégorie de collectivités territoriales le soin de définir, dans la limite des compétences qui lui sont dévolues, certaines modalités d'application d'une loi; que, cependant, le principe de libre administration des collectivités territoriales ne saurait conduire à ce que les conditions essentielles de mise en oeuvre des libertés publiques et, par suite, l'ensemble des garanties que celles-ci comportent dépendent des décisions de collectivités territoriales et, ainsi, puissent ne pas être les mêmes sur l'ensemble du territoire de la République ».

Le premier ministre reste donc bien l'autorité de droit commun en matière d'exécution des lois mais cela n'interdit pas au législateur de renvoyer aux collectivités pour l'application des lois, lorsque ces dernières interviennent dans leurs domaines de compétence.

Le cadre juridique de cette faculté est désormais relativement bien défini :

- Le conseil d'Etat, dans un avis du 15 novembre 2012[7], a précisé que cette compétence normative accompagne nécessairement un transfert de compétence. Autrement dit, la capacité d'appliquer certaines lois ne peut pas être considérée, en elle-même, comme une compétence transférée à une catégorie de collectivités.
- La réserve constitutionnelle concernant la fixation ou la précision des conditions essentielles de mise en œuvre des libertés publiques et, par voie de conséquence, l'ensemble des garanties que celles-ci comportent, est connue puisqu'elle a été formulée dès 1985 par le conseil constitutionnel. Elle démontre que, en ce domaine, le principe d'égalité

[7] Ass. Générale, section de l'Intérieur, n°387095 : note Bertrand Faure, AJDA du 18 novembre 2013, p. 2240.

rejoint celui d'unité de l'Etat. C'est d'ailleurs bien cette conception très exigeante de l'égalité, en tant qu'elle fonde l'unité de la République, plutôt que le principe d'indivisibilité de la République, qui freine le développement de ce pouvoir local

- Enfin, si la référence à la possibilité de renvoyer à « certaines » modalités d'application des lois est floue, on comprend néanmoins qu'elle est également liée à cette idée que, en certains domaines, l'égalité et l'unité se rejoignent. C'est aussi ce que suggère le conseil d'Etat, dans son avis précité de 2012, lorsqu'il explique que le principe d'égalité s'applique avec plus de rigueur dans certains domaines que dans d'autres : s'ils sont plus sensibles, c'est parce que l'égalité et l'unité sont davantage entremêlées pour ces questions. On doit cependant préciser que le recours au pronom « *certaines* », avant « *modalités* », permet aussi et tout simplement de laisser une marge de manœuvre à l'Etat, en cas de motifs d'intérêt général prédominant.

Cette jurisprudence constitutionnelle apparaît parfaitement équilibrée : elle renvoie au pouvoir réglementaire local pour des mesures de deuxième niveau d'importance, ou de troisième niveau selon la sensibilité des questions en jeu : la loi fixe un cadre commun, **et soit** les collectivités peuvent ensuite intervenir sans l'Etat **soit,** si l'égalité génératrice d'unité l'implique, le premier ministre fixe un cadre harmonisant supplémentaire avant intervention des collectivités.

Toutefois, cette jurisprudence n'aurait que peu d'intérêt et de portée, si dans cette dernière hypothèse, le décret du Premier ministre recherchait alors l'exhaustivité : les collectivités ne doivent pas seulement mettre en œuvre les compétences par leur pouvoir réglementaire, elles doivent pouvoir également « *fixer les règles* » (art. 72C) concernant l'exercice des compétences pour s'adapter aux circonstances locales et ainsi rétablir une égalité réelle que l'uniformité aurait compromis. D'où la pertinence logique du principe de proportionnalité du pouvoir réglementaire étatique pour arrêter ce pouvoir, évoqué par plusieurs circulaires, dont celle relative à la qualité du droit de 7 juillet 2011[8], et que plusieurs projets[9] ou propositions de loi[10] ont voulu consacré législativement.

Si ce principe n'a finalement pas été légalisé - faute de savoir tracer les limites de cette proportionnalité du droit étatique au regard de ce qu'exige la poursuite des objectifs prévus par la loi mais également par crainte de favoriser le développement d'un contentieux important- ces tentatives ont tout de même révélé que le caractère nécessaire du développement du pouvoir réglementaire local commençait à s'imposer.

Pourquoi évoquer une ''nécessité'' plutôt qu'une simple ''utilité'' ? Parce que, ainsi que l'exposait Charles Eisenmann « *La centralisation du pouvoir règlementaire représente (...) un élément de centralisation administrative, de subordination hiérarchique de l'autorité locale à l'Etat* »[11]. Plus récemment Jacques Caillosse, qui évoquait alors la question de la fonction publique territoriale, dénonçait également le « *paradoxe d'une*

---

[8] JORF n°0157 du 8 juillet 2011 page 11835

[9] PJL relatif à la modernisation de l'action publique territoriale et d'affirmation des métropoles, devenu L. n°2014-58 ; PJL relatif à la nouvelle organisation territoriale de la République devenu L. n° 2015-991.

[10] PPL portant création d'une Haute autorité chargée du contrôle et de la régulation des normes applicables aux collectivités locales, n°119, 2012-2013, Sénat

[11] Cours de droit administratif, LGDJ, Tome I, p.281.

décentralisation qui supporte le droit accru de l'Etat où se programme la réduction des réglementations locales » [12]. Il existe une autre raison, qui prend la forme d'une prescription constitutionnelle : le texte fondamental réserve aux collectivités le pouvoir de prendre des « *décisions* » pour l'exercice des compétences qu'elles sont le mieux à même d'exercer.

Pourtant, en dépit de cette prise de conscience progressive, la conviction que l'unité de l'Etat implique l'unité du pouvoir réglementaire, sauf renvoi très résiduel aux collectivités territoriales ou à d'autres autorités administratives, a conduit à confier à l'Etat le soin de promouvoir lui-même l'égalité réelle.

Ainsi, la révision constitutionnelle de mars 2003 avait fait le choix de l'expérimentation, y compris dans le domaine réglementaire, en la confiant à la maîtrise de l'Etat. De même, la loi NOTRe du 7 août 2015 (n°2015-991) a de nouveau progressé dans la promotion d'une diversité normative mais en la confiant au seul Etat. Elle dispose ainsi et notamment que : « « *Un conseil régional ou, par délibérations concordantes, plusieurs conseils régionaux peuvent présenter des propositions tendant à modifier ou à adapter des dispositions législatives ou réglementaires, en vigueur ou en cours d'élaboration, concernant les compétences, l'organisation et le fonctionnement d'une, de plusieurs ou de l'ensemble des régions. Les propositions adoptées par les conseils régionaux en application du quatrième alinéa du présent article sont transmises par les présidents de conseil régional au Premier ministre et au représentant de l'Etat dans les régions concernées* ».».

---

[12] La savoir juridique à l'épreuve de la décentralisation, Annuaire des Collectivités territoriales, Grale, éd. du CNRS, 1988 p.19 et p.21

Les régions françaises peuvent donc désormais (et théoriquement), peser sur les normes qui concernent leur organisation et leur fonctionnement mais aussi et surtout concernant l'exercice de leurs compétences. Autrement dit, non seulement elles pourront proposer des modifications de la loi mais elles pourront aussi récupérer une capacité d'influence sur l'élaboration de la norme réglementaire étatique dans toutes les hypothèses où le législateur n'aurait pas utilisé la faculté qui est la sienne de renvoyer directement au pouvoir réglementaire local pour l'application d'une loi.

La mesure n'est donc pas inintéressante mais sa réussite est totalement subordonnée au bon vouloir de l'Etat. Or, l'Etat ne peut pas être mieux placé que les collectivités pour affiner les règles encadrant l'exercice des compétences locales en fonction des circonstances, même si ces dernières l'y aident. Ce sont les collectivités qui devraient promouvoir directement cette égalité réelle de plus en plus réclamée.

La question - peut-être un peu surprenante au premier abord - demeure cependant de savoir quelle égalité réelle ces dernières sont en mesure de favoriser.

II. Quelle égalité réelle par le pouvoir réglementaire local ?

Evoquer l'égalité réelle, c'est généralement évoquer la discrimination positive. Il s'agit d'identifier les handicaps ou les différences handicapantes pour tenter de les effacer ou de les compenser.

On sait que des lois territorialisées ont été adoptées[13] mais on cite moins souvent une décision du conseil

---

[13] Voir :Mélin Soucramanien, Les adaptations du principe d'égalité à la diversité des territoires, RDFA, 1997, p. 906 et suiv ; Caillosse et

constitutionnel qui permet d'attester de son acceptation constitutionnelle et, surtout, de s'en prévaloir au soutien des revendications en faveur du renvoi au pouvoir réglementaire local d'application des lois : cette dernière a jugé que l'Etat, en prévoyant des stipulations contractuelles différentes selon les collectivités et les régions afin de « *tenir compte de la spécificité des situations territoriales* », « *a mis en place une procédure qui loin de méconnaître le principe d'égalité constitue un moyen d'en assurer la mise en œuvre* »[14].

En se fondant sur cette dernière, on peut ainsi affirmer que l'attribution d'un pouvoir réglementaire d'application des lois aux collectivités, loin de constituer une rupture d'égalité, pourrait au contraire permettre de rétablir l'égalité réelle en permettant aux collectivités d'adapter les lois aux circonstances locales d'application. La justification traditionnelle de la décentralisation n'est-elle pas qu' on administre mieux de près, par la prise en compte du contexte qui entoure l'action publique ?

Si la thématique du rétablissement de l'égalité réelle n'apparaît plus explicitement, on doit cependant remarquer que tant le conseil constitutionnel, par sa QPC du 20 avril 2012, que le conseil d'Etat qui la cite dans son avis de novembre 2012, ont confirmé que « *L'attribution par la loi d'un pouvoir réglementaire aux collectivités territoriales n'est pas, par elle-même, contraire au principe d'égalité. Toute différence de traitement qui résulterait de la variation des règles locales, d'une collectivité territoriale à l'autre, n'est pas non plus*

al. : *Principe d'égalité et différenciation territoriale, Entre standardisation et nouveaux équilibres* : Pouvoirs locaux, juin 2012

[14] Déc.N°94-358 DC du 26 janvier 1995, Loi d'orientation pour l'aménagement et le développement du territoire

constitutive d'une rupture d'égalité (n° 2012-238 QPC du 20 avril 2012, cons. 10 à 12) ».

Implicitement, il s'agit tout de même bien d'accepter la variation des règles locales pour s'adapter à la diversité territoriale.

Nul doute, en effet, qu'une fixation unilatérale des mesures d'application des lois conduit parfois à des inégalités réelles : une norme peut être optimale dans certains contextes, et beaucoup moins dans d'autres. Par exemple, lorsque le premier ministre fixait par décret le régime des aides directes aux entreprises, il organisait le même régime d'aides pour la région Rhône-Alpes, florissante, et pour la région Nord-Pas-de-Calais. Or, les handicaps de cette dernière en termes d'activité économique et de chômage nécessitaient que des politiques différenciées puissent être menées. A partir de la loi n°2002-266, du 27 février 2002, Démocratie de proximité, les assemblées régionales ont été habilitées à fixer elles-mêmes le régime des aides qu'elles attribuaient aux entreprises sous la forme de prestations de services, de subventions, de prêts et avances à taux nuls ou préférentiels. Il ne se trouvera personne, aujourd'hui, pour contester la pertinence d'une telle mesure ou pour affirmer que l'égalité est rompue entre régions. Elle est au contraire rétablie.

Si l'égalité n'est pas rompue, c'est aussi parce que la loi a fixé une cadre uniformisant. Ainsi que nous l'avons déjà vu, ces normes réglementaires relèvent de toutes façons obligatoirement, pour des motifs constitutionnels, souvent d'un troisième niveau de détail. Or, en métropole où les différences de situations demeurent tout de même mesurées, c'est ce niveau de détail normatif qui peut permettre une adéquation aux réalités du terrain et, ainsi, un passage d'une égalité abstraite organisée par la loi et, éventuellement par le règlement, à une égalité réelle réalisée par le pouvoir réglementaire local.

Pour quelle raison, alors, une telle réforme continue-t-elle d'apparaître comme un danger pour l'égalité dans la République ? Quelle difficulté a bien pu conduire le Président Hollande, aux états généraux de la démocratie territoriale au Sénat, à annoncer l'attribution future d'un pouvoir réglementaire local d'adaptation, avant d'insister lourdement sur les risques que ce pouvoir pouvait faire courir à l'égalité entre les citoyens et résidants ?

La réponse est simple : c'est une chose d'admettre que les normes locales peuvent permettre d'effacer des handicaps ou d'éviter que des dispositifs publics présentent des résultats décevants au regard de leurs objectifs mais c'en est une autre que d'envisager que cette liberté normative mesurée puisse - grâce à la capacité d'imagination juridique plus grande de quelques-uns par rapport à quelques –autres - donner lieu à des épanouissements différenciés et ainsi, puisse recréer de l'inégalité… par le haut.

L'égalité réelle, cela devrait être aussi de pouvoir développer toute l'amplitude de ses talents, à moyens juridiques et peut-être financiers égaux. Toutes choses étant égales par ailleurs, on pourrait transposer aux collectivités territoriales ce que Condorcet expliquait à propos des individus disposant des mêmes droits et obligations abstraits : « *Assurer à chacun d'eux la facilité de perfectionner son industrie, de se rendre capable des fonctions sociales auxquelles il a droit d'être appelé, de développer toute l'étendue des talents qu'il a reçus de la nature, et par là, établir entre les citoyens une égalité de fait, et rendre réelle l'égalité politique reconnue par la loi. Tel doit être le premier but d'une instruction nationale* »[15].

[15] Précité note 1.

Permettre à chaque collectivité de perfectionner son industrie, de développer toute l'étendue du talent qu'elle reçoit de sa géographie, de sa population, de son économie, et établir, par là, une égalité de fait entre les collectivités en rendant réelle l'égalité politique qui leur est reconnue par la loi, peut aussi être une ambition.

Cette égalité devient toutefois rapidement plus ambiguë pour nombres d'individus. On se rappelle ainsi que la loi sur l'égalité des chances du 31 mars 2006 avait été lu différemment selon les sensibilités. Certains considéraient que la loi promouvait une égalité visant à faire émerger des réussites scolaires individuelles qui devaient servir d'exemple à tous les autres, et d'autres jugeaient que cette loi visait la promotion sociale du plus grand nombre par une approche plus collective[16].

C'est là, certainement, un des derniers obstacles idéologiques à franchir pour que le législateur renvoie plus souvent au pouvoir réglementaire local.

---

[16] F. Dubet, Des Places et des chances, 2010, Co-édition Seuil-la République des idées, 128 p.

Le pouvoir d'expérimentation des collectivités territoriales et le principe d'égalité

Roselyne Allemand
Professeur à l'université de Reims Champagne-Ardenne, CRDT

L'expérimentation est une méthode qui repose sur l'observation d'un phénomène à petite échelle d'espace ou de temps afin de parvenir à une meilleure connaissance de celui-ci et d'en dégager, éventuellement, une théorie ou une pratique générale[1].

L'Etat recourt fréquemment à l'expérimentation et ce depuis longtemps. Certains experts en attribuent même la paternité à Necker[2].

Pour les administrations publiques, il s'agit de tester une mesure afin d'en évaluer la fiabilité, de l'améliorer si nécessaire et d'en favoriser l'acceptabilité avant sa généralisation. On se souvient, par exemple, de la réorganisation des services déconcentrés dans quatre départements en 1962 avant une généralisation en 1964, ou encore de la mise à l'essai de la loi sur l'interruption

---

[1] J.Boulouis, note sur l'utilisation de la méthode expérimentale en matière de réformes administratives, Mél. Trotabas, LGDJ 1970, P.29.

[2] J-L Mestre. L'expérimentation d'assemblées provinciales sous le règne de Louis XVI in Les collectivités locales et expérimentation : perspectives nationales et européennes, La documentation française, 2004 p.119.

volontaire de grossesse en 1975 avant sa pérennisation en 1979.

Dans une société en mouvement où les décisions publiques demandent de plus en plus de concertation, d'évaluation et d'adhésion des citoyens, l'expérimentation apparaît comme une méthode permettant de s'assurer que les nouvelles règles seront bien adaptées aux nouvelles réalités.

Concernant les collectivités territoriales, le recours à l'expérimentation s'est surtout développé à partir de la décentralisation des années 1980 afin de tester de nouvelles compétences, le plus souvent, à partir d'un échantillon de collectivités.

A titre d'exemples, on peut rappeler l'expérience d'un revenu minimal d'insertion en 1986 à l'initiative du Conseil général d'Ile et Vilaine. Puis de nombreuses expérimentations à l'initiative de l'Etat relatives au transport ferroviaire régional (Loi du 13 février 1997), à la gestion des fonds structurels en 2003, à la prestation dépendance (Loi du janvier 1997) ; à la proposition de transfert aux régions en matière culturelle, portuaire et aéroportuaire (Loi du 27 février 2002).

L'expérimentation des collectivités territoriales est donc un phénomène récent qui a pris de l'ampleur avec la loi du 13 août 2004 puisque le recours à l'expérimentation a été préconisé pour de nombreuses compétences[3].

Dans la pratique l'expérimentation est susceptible de heurter la tradition juridique française héritière de la révolution de 1789 qui s'appuie sur l'égalité des citoyens devant la loi (article 6 de la Déclaration des droits de l'homme et du citoyen).

---

[3] La loi n°204-809 du 13 août 2004 prévoit notamment d'y recourir dans les domaines de la formation professionnelle, de la protection de l'enfance, des équipements sanitaires, de santé publique, des aides à la pierre ou encore des ports maritimes et aérodromes.

Le principe d'égalité entre les collectivités territoriales est, quant à lui, un objectif de valeur constitutionnelle devant orienter le législateur. L'expérimentation peut apparaître comme une dérogation au principe d'égalité (I). Mais son strict encadrement juridique confirme finalement l'importance du principe d'égalité (II).

I. L'expérimentation : une dérogation au principe d'égalité

Le juge a été amené avant même la consécration constitutionnelle de l'expérimentation à veiller à concilier l'expérimentation avec le principe d'égalité (A). La réforme constitutionnelle de 2003 va distinguer deux régimes d'expérimentation dont l'un est beaucoup plus encadré que l'autre au nom du principe d'égalité devant la loi (B).

A. La reconnaissance jurisprudentielle d'une nécessaire conciliation entre expérimentation et principe d'égalité

Dans plusieurs jurisprudences, le Conseil d'Etat reconnaît la pratique expérimentale à condition que l'atteinte au principe d'égalité soit justifiée par des motifs d'intérêt général et que la durée soit limitée[4]. Dans son avis consultatif du 24 juin 1993, le Conseil d'Etat confirme ces contours. Il reconnaît la faculté pour l'administration de mettre en œuvre des expérimentations pouvant engendrer un traitement différencié d'usagers pourtant placés dans une situation équivalente, dès lors que l'expérimentation peut s'analyser « comme l'objectif

[4] CE 3 fev. 1982, n°33798, min. du budget c/MM. Montbron et autres ; CE 18 mars 1983, n°32240, MM Martinet Tamon ; CE 5 fév. 1986 n°47198, SA SOCAM, rec p 393.

d'intérêt général qui justifie qu'on puisse déroger à l'égalité »[5].

La jurisprudence de la Cour de justice de l'Union européenne va dans le même sens lorsqu'elle valide, au regard du principe d'égalité, une directive qui établit, à titre expérimental, des quotas de gaz à effet de serre à certaines entreprises (secteur sidérurgique) et pas à d'autres (secteur de l'aluminium et du plastique) bien qu'elles soient placées dans une situation comparable[6].

De son côté, le juge constitutionnel a été amené à vérifier la constitutionnalité des lois expérimentales dans deux décisions importantes.

La première est la décision du 28 juillet 1993 portant sur les universités. Le juge reconnaît le principe de l'expérimentation mais l'encadre en obligeant le législateur à « définir précisément la nature et la portée de ces expérimentations, les cas dans lesquels elles peuvent être entreprises, les conditions et les procédures selon lesquelles elles doivent faire l'objet d'une évaluation conduisant à leur maintien, à leur modification, à leur généralisation ou à leur abandon »[7].

Dans une deuxième décision du 17 janvier 2002 relative à la Corse, le juge constitutionnel admet la possibilité pour les collectivités territoriales d'expérimenter dans le domaine du règlement mais prohibe l'adaptation des lois par l'administration territoriale que ce soit à titre expérimental ou non.

Le Conseil Constitutionnel dans sa décision de 2002 considère ainsi, « qu'en ouvrant au législateur la

---

[5] CE, avis 24 juin 1993, n°353605, Rapp. CE 1993, EDCE, n°45, La documentation française p.338 et suivantes.

[6] CJCE 16 décembre 2008, Société Arcelor, Aff. C127/07.

[7] Décision n°93-322 DC du 28 juillet 1993, loi relative aux établissements publics à caractère scientifique, culturel et professionnel.

possibilité d'autoriser la collectivité territoriale de Corse à prendre des mesures relevant du domaine de la loi, la loi est intervenue dans un domaine qui ne relève que de la constitution »[8]. Ici, le refus du juge constitutionnel s'expliquait moins par la rupture du principe d'égalité que par la violation de l'article 34 de la Constitution.

Finalement, l'inscription de l'expérimentation dans la loi constitutionnelle de 2003, va permettre de dépasser la jurisprudence relative à la Corse, en prévoyant la possibilité pour les collectivités territoriales d'adapter la loi à titre expérimental.

B. Un encadrement constitutionnel différencié

La réforme constitutionnelle du 28 mars 2003[9] a introduit deux mesures relatives à l'expérimentation. Elle crée en premier lieu, l'article 37-1 C qui dispose que « la loi et le règlement peuvent comporter, pour un objet et une durée limités, des dispositions à caractère expérimental ». Cette rédaction consacre la possibilité pour l'Etat de décider d'expérimentations et se situe dans le prolongement de la jurisprudence antérieure. Dans ce cadre, l'Etat peut décider de transférer aux collectivités territoriales l'exercice de nouvelles compétences que l'on peut qualifier d'expérimentation-transfert.

C'est d'ailleurs, à l'occasion des expérimentations-transfert prévues par le législateur en 2004 que le Conseil Constitutionnel s'est prononcé explicitement sur la question de la conciliation entre le principe d'égalité et le recours aux expérimentations.

---

[8] Décision n°2001 – 454 DC du 17 janvier 2002, loi relative à la Corse.

[9] Loi constitutionnelle n°2003-276 du 28 mars 2003 relative à l'organisation décentralisée de la République.

En l'espèce, les requérants soutenaient que le principe d'égalité issu de l'article 6 de la Déclaration des droits de l'homme et du citoyen n'était pas respecté, en raison d'un encadrement imprécis des expérimentations confiées aux régions en matière de développement économique, de gestion des fonds communautaires et aux départements en matière d'enseignement primaire.

Tout en considérant que le législateur avait défini de façon suffisamment précise l'objet et les conditions des expérimentations en cause, le Conseil Constitutionnel a précisé que « rien ne s'oppose, sous réserve des prescriptions des articles 7, 16 et 89 de la Constitution, à ce que le pouvoir constituant introduise dans le texte de la Constitution des dispositions nouvelles qui, dans les cas qu'elles visent, dérogent à des règles ou principes de valeur constitutionnelle ; que tel est le cas de l'article 37-1 de la Constitution issu de la loi constitutionnelle du 28 mars 2003 qui permet au Parlement d'autoriser, dans la perspective d'une éventuelle généralisation, des expérimentations dérogeant, pour un objet et une durée limités, au principe d'égalité devant la loi »[10].

En deuxième lieu, le constituant consacre une autre expérimentation prévue à l'article 72C alinéa 4 qui a vocation à être mise en œuvre par des collectivités territoriales ou par leurs groupements. Elle a pour but de permettre aux collectivités territoriales de déroger à la loi ou à des règlements qui régissent l'exercice de leur compétence. Il s'agit d'expérimentation normative beaucoup plus innovante puisqu'elle permet la dérogation législative dont l'interdiction avait été confirmée par le

---

[10] Décision n°2004-503 DC du 2 août 2004, loi relative aux libertés et responsabilités locales. Voir commentaire de B.Faure ; Les relations paradoxales de l'expérimentation et du principe d'égalité, RFDA nov-déc. 2004 p.1150.

Conseil Constitutionnel dans sa décision de 2002 relative à la Corse.

L'essentiel de la nouveauté réside donc dans la possibilité pour les collectivités territoriales d'exercer, à titre expérimental, une partie du pouvoir normatif de l'Etat qu'il s'agisse du pouvoir législatif ou du pouvoir réglementaire national. L'article 72C alinéa 4 doit permettre aux collectivités territoriales qui le souhaitent de participer à l'amélioration et à l'adaptation de la norme nationale aux réalités locales et contribuer ainsi à l'amélioration de la décentralisation.

Les deux types d'expérimentation dérogent de façon temporaire au principe d'égalité devant la loi mais aussi entre collectivités territoriales, dans la mesure où l'on accorde à certaines collectivités territoriales des possibilités que les autres n'ont pas.

Il faut toutefois préciser, à ce stade, comme le remarque Sébastien Denaja, « qu'au-delà de la contrariété de principe qui existe entre expérimentation et égalité formelle, il y a une gradation des atteintes susceptibles d'être relevées »[11]. Le degré d'inégalité est variable selon les cas, il peut être faible dans le cas d'une expérimentation appliquée sur l'ensemble du territoire ou encore s'il s'agit d'une expérimentation interne à l'administration. Il peut être plus élevé lorsque l'expérimentation s'applique sur une partie seulement du territoire ou comporte des effets directs à l'égard des administrés.

Quoiqu'il en soit, le principe d'expérimentation a désormais une valeur constitutionnelle, il doit être concilié avec le principe d'égalité dans le respect de l'intérêt général et en fonction de son encadrement juridique. Or,

---

[11] S.Denaja, L'expérimentation, méthode privilégiée de réforme de l'administration territoriale, RLCT, n°46, mai 2009, p.80.

l'encadrement diffère selon le type d'expérimentation, il est beaucoup plus contraignant pour les expérimentations normatives.

Les deux régimes sont déséquilibrés à la faveur de l'article 37-1 C qui est libre de toute loi organique alors que l'article 72C alinéa 4 et sa loi organique du 1er août 2003[12] encadre plus fortement l'expérimentation des collectivités.

Les conditions plus strictes prévues dans le cadre des expérimentations de l'article 72C alinéa 4 sont justifiés par le législateur, par le fait que les collectivités territoriales se voient conférer un pouvoir normatif qui appartient à l'Etat. Ces conditions reflètent les craintes des parlementaires d'une remise en cause des principes d'indivisibilité et d'égalité, dans la mesure où l'expérimentation pourrait confèrer à « chaque collectivité, à chaque catégorie de collectivité la possibilité d'imaginer son règlement, voire ses morceaux de législation »[13] rappelant la « France patchwork »[14] de l'ancien régime.

Finalement l'encadrement juridique de l'expérimentation normative aboutit à confirmer le principe d'égalité.

---

[12] Loi organique n°2003-704 du 1er août 2003 relative à l'expérimentation par les collectivités territoriales (art.LO 1113-1 à LO 1113-7 du CGCT)). Voir notes : M. Verpeaux, J.C.P.A, 10 mai 2004, p.655, n°1333 ; J.M. Pontier, AJDA 2003, p.1715 et s. ; F. Crouzatier-Durand, RFDC 4/2003, p. 675 et s.

[13] J.P Sueur, JO Sénat débats, séance du 21 juillet 2003, P.5701 (débats sur la loi organique relative à l'expérimentation par les collectivités territoriales).

[14] Idem p.5687.

II. Le droit de l'expérimentation : une confirmation du principe d'égalité

Les conditions de mise en œuvre tout autant que l'issue de l'expérimentation sont guidées par la volonté du législateur de préserver l'égalité.

A. Une mise en œuvre de l'expérimentation sous la pression du principe d'égalité

La décision de recourir au procédé expérimental appartient exclusivement à l'Etat. Les dispositions de l'article 72C alinéa 4 ne trouvent juridiquement à s'appliquer que dans l'hypothèse où le pouvoir normatif étatique entend habiliter des collectivités territoriales à fixer elles-mêmes des règles dérogeant aux dispositions législatives ou règlementaires applicables. Le législateur (ou le gouvernement) détermine « la nature juridique ainsi que les caractéristiques des collectivités qui seront associées à l'expérimentation » (art. LO 1113-1 CGCT).

Il s'agit bien ici de s'appuyer sur des caractéristiques communes qui peuvent consister en un seuil démographique, une localisation (montagne, littoral...), une situation financière, etc. Les choix des critères sont justifiés en fonction de l'objet et mettent avant des situations différentes, ce qui permet de maintenir une certaine égalité entre les collectivités territoriales.

Ensuite, les collectivités territoriales ou groupements qui répondent aux caractéristiques fixées par la loi d'habilitation ou le décret en Conseil d'Etat ont la faculté de participer à l'expérimentation. Il s'agit d'un pouvoir expérimental à l'initiative des collectivités territoriales dans le cadre d'une habilitation. L'Etat n'a pas la possibilité de nommer les collectivités territoriales participantes, il ne peut que dresser la liste des collectivités territoriales s'étant portées volontaires après vérification du seul respect des conditions légales (art. LO 1113-2 CGCT). Si une seule collectivité se porte candidate, l'Etat est tenu de lancer l'expérimentation.

Ainsi, toutes les collectivités territoriales répondant aux caractéristiques définis par l'Etat, sont placés dans la même situation.

Le principe d'égalité se trouve également préservé par le fait que toutes les expérimentations de l'article 72C alinéa 4 ont un objet limité. Elles ne peuvent porter que sur les « dispositions législatives ou règlementaires qui régissent l'exercice de leurs compétences. » Il ne peut s'agir que de compétences déjà attribuées.

Par ailleurs, l'uniformité des droits et libertés est préservée sur l'ensemble du territoire. En effet, l'article 72C alinéa 4 interdit d'expérimenter lorsque sont en cause les conditions essentielles d'exercice d'une liberté publique ou d'un droit constitutionnellement garanti. Il s'agit, au nom du principe d'égalité, de veiller à ce que les normes organisant l'exercice d'une liberté publique soient les mêmes sur tout le territoire national.

Il s'agit là de prendre en compte la jurisprudence du Conseil Constitutionnel qui, dans plusieurs décisions, a jugé que la libre administration ne pouvait pas conduire à ce que le régime des libertés publiques soit fractionné, celui-ci devant être le même pour tous[15].

Cette analyse ne vaut que pour l'article 72C alinéa 4. L'article 37-1C n'interdit pas l'expérimentation sur les libertés publiques. Cette asymétrie repose sur le fait que

---

[15] Voir décision 84-185 DC du 18 janvier 1985, loi Chevènement, RJC I-219 ; déc.93-329 du 13 janvier 1994, Révision de la loi Falloux, RJC I-562 ; déc.96-373 DC du 9 avril 1996, Autonomie de la Polynésie française I,RJC I-666 ; déc.01-454 DC du 17 janvier 2002, Corse. Cité in A. Roux., Constitution, expérimentation et décentralisation, Etudes en l'honneur de Loïc Philip, Economica, 2005, p.216.

l'Etat se considère comme le dépositaire des libertés individuelles des citoyens.

Enfin, le législateur organique a prévu un contrôle de légalité renforcé des actes pris par les collectivités territoriales dans le cadre de l'expérimentation. Ainsi, le préfet peut assortir son recours devant le juge administratif d'une demande de suspension automatique d'un mois (art. LO 1113-4 CGCT). Ces actes, quelle que soit leur nature juridique, restent formellement administratifs, toutefois les actes généraux et impersonnels portant dérogation aux lois doivent être publiés au Journal officiel.

On le voit, toutes les collectivités territoriales sont soumises au même droit de l'expérimentation lequel prend en compte le souci de l'égalité, d'autant qu'il s'agit d'un droit à durée déterminée dont la vocation est de déboucher sur la généralisation d'une règle nouvelle ou sur le retour à la règle générale ancienne.

B. L'issue de l'expérimentation : le retour à l'unité normative

L'expérimentation n'a de sens que si une durée lui est fixée, puisqu'elle a pour vocation de tester un phénomène pendant un certain temps. Les actes expérimentaux généraux doivent porter la mention de leur durée de validité (art. LO 1113-3 CGCT). La loi organique dispose que la durée de l'expérimentation n'excède pas cinq ans (art. LO 1113-1 CGCT). Si entorse à l'égalité de traitement des personnes il y a, elle n'est que provisoire. Cette durée est inséparable d'une évaluation des résultats qui débouchera ou non sur une généralisation de l'expérience.

A cet égard, le gouvernement doit remettre au Parlement un rapport « aux fins d'évaluation » assorti des observations des collectivités territoriales concernées.

Concernant les domaines relevant de la loi, ces observations doivent préciser les effets des mesures prises, le coût et la qualité des services rendus aux usagers, l'organisation des collectivités territoriales et des services de l'Etat ainsi que les incidences financières et fiscales de l'expérimentation. Il doit également soumettre, chaque année, au Parlement un rapport retraçant l'ensemble des demandes d'expérimentation dont il a été saisi et les suites qui leur ont été réservées (art. LO 1113-5 CGCT).

Au vu de l'évaluation, une prolongation de 3 ans[16] ou une modification de l'expérimentation peut être décidé par l'Etat.

A l'issue de l'expérimentation, la loi organique prévoit deux possibilités : soit le maintien et la généralisation des mesures prises à titre expérimental, soit l'abandon de l'expérimentation, dans ce cas, seuls les actes individuels créateurs de droit sont maintenus (art. LO 1113-6).

Que l'essai débouche sur la généralisation d'une règle nouvelle ou sur le retour à la règle générale ancienne, c'est le principe d'égalité et d'unité normative qui est confirmé.

Ces deux options guident également l'issue de l'expérimentation de l'article 37-1 C. Le Conseil Constitutionnel dans sa décision du 12 août 2004 sur la loi relative aux libertés et responsabilités locales évoque la possibilité pour le législateur d'autoriser des expérimentations dérogeant au principe d'égalité dans la perspective de leur éventuelle généralisation.

Cependant, des résultats contrastés de l'expérimentation autorisent-ils une différenciation du droit ? Autrement dit, lorsque l'expérimentation s'avère positive pour une partie seulement des collectivités territoriales

---

[16] Rien ne semble interdire une nouvelle prolongation au terme des huit ans écoulés, le législateur a rejeté un amendement prévoyant que l'expérimentation ne pourrait être prolongée ou modifiée qu'une fois, voir J.M Pontier, AJDA, 2003, p.1721.

tout en étant difficilement transposable pour d'autres, le droit peut-il s'adapter ?

Bien que le droit de l'expérimentation ne mentionne pas la possibilité d'une certaine différenciation à l'issue du bilan, en réalité, plusieurs solutions s'offrent au législateur, dans la mesure où le principe d'égalité n'est pas forcément synonyme d'uniformité abstraite mais peut tenir compte de la diversité des situations concrètes.

En effet, le législateur peut modifier la loi à laquelle les collectivités territoriales avaient été autorisées à déroger, afin de prendre en compte des particularismes locaux et limiter ainsi, l'application des normes à une partie seulement du territoire. Le juge constitutionnel a, par exemple, admis que les impératifs de l'aménagement du territoire pouvaient conduire à une diversification plus prononcée des régimes juridiques sans porter une atteinte excessive à l'égalité devant la loi[17] ou encore que la mise en place de législations différentes selon les régions pouvait correspondre à une traduction concrète du principe d'égalité (déc. 91-291 DC 6 mai 1991 à propos de la création de la dotation de solidarité urbaine en région Ile-de-France).

Par ailleurs, la reconnaissance par le législateur d'un pouvoir réglementaire local dans le domaine qui a fait l'objet de l'expérimentation, peut permettre à la collectivité territoriale de poursuivre la règlementation qu'elle a pratiquée pendant la durée de l'expérimentation. Les autres collectivités pouvant décider de la suivre ou de maintenir les règles en vigueur. « Il n'y pas dans ce cas, généralisation de l'expérimentation, mais affirmation de l'initiative locale, dans le respect de l'article 34 de la

[17] Déc. 946358 DC du 26 janvier 1995, Aménagement et développement du territoire, RJC I-624.

Constitution sur les domaines réservés à la loi et au règlement. »[18]

Enfin, dans des cas plus exceptionnels, le législateur peut conférer aux collectivités territoriales ayant tirées profit de l'expérimentation un statut particulier, l'égalité statutaire ne s'appliquant qu'au sein d'une même catégorie de collectivité territoriale. L'existence de statuts particuliers ne constitue pas une exception au droit des collectivités territoriales mais bien plutôt une application du principe d'égalité. L'article 72C alinéa 1 désigne des catégories de plus en plus différenciés de collectivités territoriales et admet la création de toute autre collectivité territoriale par le législateur.

Pour résumer, le principe d'égalité, justifie tout à la fois, un encadrement spécifique du droit de l'expérimentation qui vaut pour toutes les collectivités territoriales candidates, ainsi qu'un retour à la généralité de la règle de droit à l'issue de l'expérimentation. Pour autant, il ne s'oppose pas, comme nous l'avons vu à une certaine territorialisation de la norme en fonction du retour d'expérience.

Ainsi, le recours à l'expérimentation peut contribuer au renouvellement du droit et participer à son évolution, tout en étant conciliable avec le principe d'égalité. Encore faut-il l'utiliser.

Treize ans après la loi constitutionnelle de 2003, les exemples sont rares. L'on peut en mentionner trois. Tout d'abord, la mise en place d'un contrat aidé unique, en effet, la loi de finance de 2007 permettait aux départements volontaires de déroger à certaines dispositions du code du travail applicables au contrat

---

[18] M. Piron. Rapport n°955 fait au nom de la commission des lois constitutionnelles, d'administration générale de la République sur le projet de loi organique relative à l'expérimentation par les collectivités territoriales p.37.

revenu minimum d'insertion et au contrat d'avenir afin de favoriser l'insertion professionnelle[19]. La même année, la mise en œuvre du revenu de solidarité active (RSA) devait permettre d'accroître les ressources des bénéficiaires des minima sociaux qui exercent une activité professionnelle[20]. Le RSA a été généralisé en 2008 avant le terme de l'expérimentation[21]. Plus récemment, la loi du 15 avril 2013[22] dite « loi Brottes », permet aux collectivités territoriales (ou leurs groupements) d'expérimenter une tarification sociale de l'eau pour cinq années, cinquante se sont portées candidates.

L'Etat et les collectivités territoriales ne se sont pas montrés particulièrement intéressés par ces nouvelles possibilités. La lourdeur du régime de l'article 72C alinéa 4 l'explique en partie. Le Président François Hollande dans sa présentation de la réforme territoriale en 2012, avait souhaité encourager l'expérimentation normative et proposer d'assouplir le dispositif juridique mais cela ne semble plus être à l'ordre du jour.

---

[19] art.142, loi n°2006-1666 du 21 décembre 2006 modifié par l'art.52 de la loi n°2007-290 du 5 mars 2007 instituant le droit au logement opposable et portant diverses mesures en faveur de la cohésion sociale.

[20] Loi n°2007-1223 du 21 août 2007 en faveur du travail, de l'emploi et du pouvoir d'achat.

[21] Loi n°2008-1249 du 1er décembre 2008 généralisant le RSA.

[22] Loi n° 2013-312 du 15 avril 2013 visant à préparer la transition vers un système énergétique sobre et portant diverses dispositions sur la tarification de l'eau et sur les éoliennes.

Egalité et outre-mer

Marc Joyau
Professeur de droit public, Université de Nantes
Droit et Changement Social (DCS, UMR 6297)

Envisager l'égalité du point de vue de l'outre-mer conduit à s'interroger sur l'égalité entre collectivités territoriales, mais aussi entre citoyens.

Sur l'égalité entre collectivités territoriales[1], il est inutile de rappeler que les collectivités territoriales d'outre-mer appartiennent à des « catégories »[2] variées (DOM, ROM, COM, TOM, POM, …)[3] permettant des traitements plus ou moins différenciés. A la différence de la métropole, où « *depuis deux siècles, nous nous sommes accoutumés à l'uniformité des structures, des compétences, des statuts* »[4], l'outre-mer est en effet, selon l'expression très souvent (trop souvent ?) utilisée, un

[1] Voir la contribution d'O. Gohin au présent ouvrage.

[2] L. Tesoka, *Les rapports entre catégories de collectivités territoriales*, PUAM 2004, spéc. p. 23.

[3] M. Joyau, « Les collectivités d'outre-mer », in *Bicentenaire du département de Tarn-et-Garonne. Genèse, formation, permanence d'une trame administrative* (P. Delvit, Dir.), Presses de l'université des sciences sociales de Toulouse 2008, p. 285 (spéc. p. 287 à 291 : Panorama de la « biodiversité politique » outre-mer).

[4] J.-M. Pontier, « Décentralisation et expérimentation », in AJDA 2003, p. 1037.

"laboratoire institutionnel", entraînant diversité, innovation, expérimentation…

Ces différences se sont largement accrues avec la révision constitutionnelle de 2003[5]. J.-P. Thiellay a même suggéré que l'on ne parle plus du droit "de" l'outre-mer, mais "des" outre-mers[6], l'auteur illustrant sa proposition par cette formule plaisante : « *A l'ère du "prêt-à-porter" pour les différentes collectivités, bien ordonnées en catégories claires, a succédé celle du "sur-mesure" voire de la haute couture, justifiant le passage du singulier, l'outre-mer, au pluriel, les outre-mers* »[7].

Le principe d'un droit commun applicable à l'ensemble des collectivités territoriales d'une même catégorie n'est en effet pas appliqué outre-mer. L'ancien article 74 de la Constitution, applicable aux seuls territoires d'outre-mer (TOM), autorisait déjà le législateur à les doter « d'une organisation particulière tenant compte de leurs intérêts propres dans l'ensemble des intérêts de la République ». Aujourd'hui, le nouvel article 74 de la Constitution prévoit en son alinéa 1er que « les collectivités d'outre-mer [les COM] régies par le présent article ont un statut qui tient compte des intérêts propres de chacune d'elles au sein de la République ». Quant aux départements d'outre-mer (DOM), qui autrefois constituaient une catégorie assez homogène[8], ils sont eux aussi impactés par ce mouvement

---

[5] Loi constitutionnelle n° 2003-276 du 28 mars 2003 relative à l'organisation décentralisée de la République.

[6] J.-P. Thiellay, *Le droit des outre-mers*, Dalloz 2011.

[7] *Ibid.*, p. 2. L'auteur en arrivant même à la conclusion que « *toute tentative de typologie des collectivités territoriales d'outre-mer existant aujourd'hui est vouée à l'échec* » (même page).

[8] Décis. n° 84-174 DC du 25 juillet 1984, Loi relative aux compétences des régions de Guadeloupe, de Guyane, de Martinique et de La Réunion (spéc. le considérant n° 5)

de différenciation[9]. Ainsi, le nouvel article 73 de la Constitution prévoit un traitement spécifique pour La Réunion et ouvre la possibilité d'étendre à certains DOM ce que l'on appelle la « décentralisation législative »[10].

L'égalité entre citoyens, qui seule nous retiendra ici, conduit quant à elle à s'interroger sur l'égalité entre citoyens ultramarins et citoyens métropolitains (les citoyens sont-ils traités de la même manière, qu'ils vivent outre-mer ou en métropole ?), mais aussi à se questionner sur l'égalité entre citoyens ultramarins (existent-il des différences de traitement entre citoyens vivant outre-mer ?).

L'examen de ces questions permet de constater que l'outre-mer est un terrain d'affirmation de l'égalité, en ce sens que, sauf exception, le principe y est l'interdiction des discriminations (I). Pour autant, depuis quelques années, on observe que l'outre-mer est devenu un espace dans lequel des ruptures d'égalité, des inégalités, ont été consacrées constitutionnellement (II).

I. L'Outre-mer : terrain d'affirmation de l'égalité

Comme en métropole, outre-mer le principe est l'interdiction des discriminations (A). Pour autant, comme en métropole, différents motifs peuvent légalement justifier des différences de traitements (B).

---

[9] F. Mélin-Soucramanien, « La différenciation du statut des départements d'outre-mer », in *Mélanges en l'honneur de Pierre Pactet. L'esprit des institutions, l'équilibre des pouvoirs*, Dalloz 2003, p. 747. V. aussi L. Dauphin, *Collectivités territoriales et expérimentation*, Thèse Limoges, 4 décembre 2008, spéc. pp. 76-77.

[10] Art. 73, al. 3. V. sur ce point : M. Joyau, « L'exercice de compétences normatives par les collectivités territoriales d'Outre-mer », in *Du droit local à la territorialisation du droit. Perspectives et limites* (J.-M. Woehrling, Dir.), Institut du Droit Local Alsacien-Mosellan 2014, p. 81 (spéc. p. 88 à 90).

A. Interdiction des discriminations

Le préambule de la Constitution de 1946 rappelle, en son alinéa 1er, que « tout être humain, sans distinction de race, de religion ni de croyance, possède des droits inaliénables et sacrés ». L'article 1er de la Constitution de 1958 reprend quant à lui en des termes très proches la même idée, en affirmant que la France « assure l'égalité devant la loi de tous les citoyens sans distinction d'origine, de race ou de religion ». Ces dispositions constitutionnelles s'appliquent, bien entendu, également outre-mer.

Si l'on en croit le Conseil d'Etat, le législateur et le pouvoir réglementaire ont toujours veillé attentivement au respect de l'égalité, et ce serait pour cette raison que les décisions juridictionnelles censurant des ruptures d'égalité seraient relativement peu nombreuses[11]. Quoiqu'il en soit, on observe que parmi ces décisions, une grande partie concerne l'outre-mer.

Ainsi, par exemple, dans un arrêt d'Assemblée du 22 janvier 1982, *Ah Won*[12], le Conseil d'Etat a annulé les dispositions d'un décret du 21 novembre 1933, au motif : « qu'aucune nécessité propre au territoire de la Polynésie française n'autorisait... le maintien en vigueur, dans ce territoire, de dispositions réglementaires qui dérogent aux principes généraux d'égalité devant la loi et d'égal accès aux fonctions publiques ». Par cet arrêt, le Conseil d'Etat censurait les dispositions d'un décret qui réservaient en Polynésie française aux seuls « notables » le droit de figurer sur la liste des assesseurs de la cour criminelle et excluaient de cette liste « les domestiques » et « les serviteurs à gage ».

---

[11] CE, *Rapport public 1996. Sur le principe d'égalité*, La Documentation française 1997, EDCE n° 48, p. 30.

[12] CE Ass., 22 janvier 1982, *Ah Won*, n° 36128.

Il faut noter ici que si le litige s'établit bien outre-mer, la discrimination refusée ne reposait pas sur la prise en considération de l'origine métropolitaine ou ultramarine des administrés, mais sur leur situation "économique" et/ou "sociale". Il s'agit donc dans cette décision d'un refus de discrimination entre administrés ultramarins.

Dans d'autres décisions au contraire, les juges ont eu à trancher des litiges nés de règles visant à instaurer des discriminations en considération de l'origine métropolitaine ou ultramarine des administrés. Et, là encore, ils ont refusé d'admettre la légalité de ces règles.

Ainsi, dans un arrêt du 24 octobre 1990, *Ministre des Postes, des Télécommunications et de l'Espace*[13], le Conseil d'Etat a considéré comme illégales les dispositions d'une circulaire ministérielle du 12 janvier 1976 précisant que « dans chaque département d'outre-mer, les emplois [publics] qui deviennent vacants sont réservés, en priorité, aux personnes qui sont originaires de ce département ou dont le conjoint en est originaire »[14].

Le Conseil constitutionnel s'est également prononcé dans le même sens dans les décisions qui suivent.

En 1985, dans une décision relative à la Nouvelle-Calédonie[15], la Haute juridiction a ainsi été conduite à se prononcer sur divers moyens tirés de la méconnaissance du principe d'égalité[16]. Dans la loi contestée, le législateur avait mis en place un système permettant d'assurer une surreprésentation des populations mélanésiennes au sein

---

[13] CE, 24 octobre 1990, *Ministre des Postes, des Télécommunications et de l'Espace*, n° 99457.

[14] Pour la Haute juridiction, seules des « circonstances exceptionnelles », inexistantes en l'espèce, auraient pu légitimer l'institution de telles règles discriminatoires.

[15] CC, décis. n° 85-196 DC du 8 août 1985, Loi sur l'évolution de la Nouvelle-Calédonie.

[16] Consid. n° 12 à 17.

de l'organe délibérant (Congrès) du territoire de Nouvelle-Calédonie. L'analyse de la décision montre que pour refuser cette discrimination, le Conseil constitutionnel ne s'est pas véritablement fondé sur les dispositions de la Constitution assurant l'égalité devant la loi de tous les citoyens sans distinction d'origine, de race ou de religion[17], mais sur des dispositions relatives au suffrage[18]. Pour autant, c'est bien par rapport au refus d'accepter une distinction (manifestement excessive en l'espèce) par rapport aux origines des administrés que cette décision a habituellement été comprise[19].

En 2004, cette fois à propos de la Polynésie française[20], le Conseil constitutionnel a été amené à se prononcer sur des dispositions relatives aux transferts de propriétés immobilières. Dans le but notamment « de préserver l'appartenance de la propriété foncière au patrimoine culturel de la population de la Polynésie française et l'identité de celle-ci », le législateur avait en effet ouvert à la Polynésie française la possibilité de mettre en place un régime de déclaration des transferts de propriétés foncières entre vifs, en faveur de sa population. Ce régime prévoyait un traitement plus favorable aux acquéreurs, du seul fait de leur naissance ou de celle de l'un de leurs parents sur ce territoire. Cette fois encore, le Conseil constitutionnel a refusé une telle discrimination entre « personnes de nationalité française »[21].

Enfin, en 2009, dans une décision relative à l'évolution institutionnelle de la Nouvelle-Calédonie et à la

---

[17] Consid. n° 15.

[18] Consid. n° 16. V. *infra*, II, B.

[19] CE, *op. cit.*, La Documentation française 1997, EDCE n° 48, p. 40.

[20] CC, décis. n° 2004-490 DC du 12 février 2004, Loi organique portant statut de la Polynésie française.

[21] Consid. 33 et 34.

départementalisation de Mayotte[22], le Conseil constitutionnel a refusé d'admettre que le bénéfice de mesures de priorité à l'emploi prises dans le but de soutenir ou de promouvoir l'emploi local et légalement[23] réservées à certaines personnes (citoyens de la Nouvelle-Calédonie et personnes justifiant d'une durée suffisante de résidence), puisse être étendu à leur conjoint, leur partenaire lié par un pacte civil de solidarité (PACS) ou leur concubin. Pour le Conseil constitutionnel, de telles mesures favorisant les personnes durablement établies en Nouvelle-Calédonie pour l'accès à un emploi salarié ou à une profession indépendante ou pour l'exercice d'un emploi dans la fonction publique communale ou de la Nouvelle-Calédonie, qui dérogent au principe d'égalité devant la loi, ne peuvent en effet être étendues aux personnes qui ne satisfont pas aux conditions de leur mise en œuvre[24].

On voit bien à travers ces quelques décisions que tant le juge administratif que le juge constitutionnel, dans la limite de leurs compétences respectives, s'opposent en principe aux discriminations que le législateur et le pouvoir réglementaire peuvent chercher à mettre en place outre-mer. Pour autant, dans certaines hypothèses, des dérogations au principe d'égalité sont malgré tout possibles outre-mer.

---

[22] CC, décis. n° 2009-587 DC du 30 juillet 2009, Loi organique relative à l'évolution institutionnelle de la Nouvelle-Calédonie et à la départementalisation de Mayotte.

[23] Puisque trouvant leur fondement constitutionnel dans l'accord signé à Nouméa le 5 mai 1998 (consid. n° 18).

[24] L'extension envisagée de ces mesures de priorité à l'emploi « n'a pas de fondement dans l'accord de Nouméa et ne constitue pas une mesure nécessaire à sa mise en œuvre » (consid. n° 19).

B. Fondements des différences de traitement

On le sait, l'« adaptation du principe [d'égalité] aux réalités peut conduire à une inégalité de traitement, à la condition que celle-ci soit justifiée en droit par l'un ou l'autre des deux motifs suivants : soit l'existence de "différences de situations appréciables", soit la présence d'une "nécessité d'intérêt général" »[25].

Ces deux motifs sont inégalement sollicités en ce qui concerne l'outre-mer.

La "différence de situations appréciable" s'y manifeste notamment[26], et sans doute même principalement, du point de vue géographique en raison de l'éloignement de la métropole et parfois aussi de l'isolement. C'est pour ce motif, par exemple, que la loi du 3 avril 1950 a créé une indemnité dite "de vie chère" (majoration de traitement de 25 %) au bénéfice des fonctionnaires en service dans les départements de la Martinique, de la Guadeloupe, de la Guyane et de La Réunion[27]. C'est encore (au moins pour partie[28]) pour ce motif qu'une aide financière, appelée

---

[25] CE, *op. cit.*, La Documentation française 1997, EDCE n° 48, p. 41, qui renvoie à CE, Sect., 10 mai 1974, *Denoyez et Chorques*, Rec. p. 274.

[26] La différence de situation peut en effet résulter d'autres considérations. V. par ex. : CE, 30 juin 2003, *Mme Inaya X...*, n° 246590 ; CE, 30 juin 1995, *Gouvernement du territoire de la Polynésie française*, n° 162329 ; CE, 29 juin 1994, *Assoc. de la presse de La Réunion*, n° 137882.

[27] Loi n° 50-407 du 3 avril 1950 concernant les conditions de rémunération et les avantages divers accordés aux fonctionnaires en service dans les départements de la Martinique, de la Guadeloupe, de la Guyane et de La Réunion (spéc. art. 3).

[28] « Cette politique [nationale de continuité territoriale] repose sur les principes d'égalité des droits, de solidarité nationale et d'unité de la République. Elle tend à rapprocher les conditions d'accès de la population aux services publics des transports, de formation, de santé et de communication de celles de la métropole, en tenant compte de la situation géographique, économique et sociale particulière de chaque

« aide à la continuité territoriale »[29], a été mise en place pour faciliter les déplacements des personnes résidant habituellement outre-mer vers le territoire métropolitain[30].

L'absence de prise en compte d'une différence réelle de situation peut même conduire le juge administratif à considérer qu'un acte administratif est entaché d'erreur manifeste d'appréciation. Ainsi, dans un arrêt du 15 mai 1995, *Syndicat des pharmaciens de Guyane*[31], le Conseil d'Etat a annulé pour ce motif un arrêté pris par le ministre de la santé fixant des quotas démographiques identiques en Guyane et en métropole pour servir de fondement à l'attribution de licences d'exploitation d'officines pharmaceutiques. Dans sa décision, la Haute juridiction considère qu' « en retenant pour la création d'officines en Guyane des chiffres identiques à ceux applicables en métropole sans avoir pris en compte les caractéristiques de ce département, notamment en ce qui concerne sa situation démographique et l'état de la consommation médicale et pharmaceutique, le ministre a commis une erreur manifeste d'appréciation »[32].

La "nécessité d'intérêt général" est quant à elle moins souvent admise pour justifier une différence de traitement outre-mer.

C'est au milieu des années 1980, à propos de la Nouvelle-Calédonie, que l'on rencontre les exemples sans

---

collectivité territoriale d'outre-mer » (Code des transports, art. L 1803-1, al. 2).

[29] Code des transports, art. L 1803-4.

[30] Code des transports, art. L 1803-1 et s.

[31] CE, 15 mai 1995, *Syndicat des pharmaciens de Guyane*, n° 140898.

[32] Peut-être est-il possible de voir dans cette jurisprudence une conséquence indirecte des dispositions constitutionnelles relatives à la situation particulière des départements d'outre-mer pouvant nécessiter des mesures d'adaptation (art. 73 de la Constitution, dans sa rédaction antérieure à la révision constitutionnelle de 2003) ?

doute les plus significatifs[33]. Ainsi, dans le but de favoriser l'accès à la fonction publique des populations d'origine mélanésienne, le Conseil constitutionnel, dans une décision du 30 août 1984[34], a accepté de considérer que la procédure particulière de recrutement mise en place par le législateur en faveur de ces populations répondait à un motif d'intérêt général justifiant une rupture d'égalité. En l'espèce, les dispositions contestées permettaient le recrutement de fonctionnaires de catégorie A non titulaires d'un diplôme de l'enseignement supérieur et confiaient à une commission de sélection présidée par un magistrat de l'ordre administratif le soin de proposer les candidats les plus aptes qui, seuls, pouvaient être nommés[35].

Par ailleurs, il a été présenté plus haut que, dans sa décision du 8 août 1985, toujours à propos de la Nouvelle-Calédonie, le Conseil constitutionnel a censuré le législateur dans sa volonté de mettre en place un système permettant d'assurer aux populations mélanésiennes une représentation supérieure à leur poids démographique au sein du Congrès et cela en se référant aux dispositions constitutionnelles relatives au suffrage. Plus précisément, la Haute juridiction a fait reposer sa décision sur le motif que la représentation des populations doit être opérée sur des bases « essentiellement démographiques », mais qu'il ne s'en suit pas pour autant « que cette représentation doive être nécessairement proportionnelle à la population de chaque région ni qu'il ne puisse être tenu compte d'autres impératifs d'intérêt général », à condition,

---

[33] Voir aussi : CE, 30 juin 2010, *Mme Marie A…*, n° 336927 ; CE, 2 avril 2003, *Synd. Lutte pénitentiaire de l'Union régionale Antilles-Guyane et autres*, n° 225728 ; CE, 30 juin 1995, *Gouvernement du territoire de la Polynésie française*, n° 162329.

[34] CC, décis. n° 84-178 DC du 30 août 1984, Loi portant statut du territoire de Nouvelle-Calédonie.

[35] Consid. n° 12 et 13.

toutefois, que ces considérations interviennent « dans une mesure limitée », en l'espèce dépassée[36]. Modifiant les dispositions qu'il avait initialement envisagées et que le Conseil constitutionnel venait de censurer, le législateur a donc maintenu une surreprésentation de la population mélanésienne, mais il l'a fait dans une moindre proportion[37]. Saisi à nouveau sur ce point, le Conseil constitutionnel, dans une décision du 23 août 1985[38], a alors estimé que la nouvelle version du texte législatif n'était pas, cette fois, manifestement au-delà de la limite acceptable[39]. Malgré le silence gardé par le Conseil constitutionnel sur la nature des impératifs d'intérêt général justifiant ces inégalités de traitement, il est permis de penser qu'ils sont liés à une situation locale néo-calédonienne très particulière et à la volonté de maintenir la paix civile entre les communautés de Nouvelle-Calédonie[40].

De manière plus générale, et cette fois au regard de la jurisprudence administrative, il semble que seules une situation[41] ou des circonstances[42] exceptionnelles puissent être considérées comme constituant une nécessité d'intérêt

---

[36] Consid. n° 16.

[37] Faisant passer de 18 à 21 le nombre de conseillers représentant la région Sud.

[38] CC, décis. n° 85-197 DC du 23 août 1985, Loi sur l'évolution de la Nouvelle-Calédonie.

[39] Consid. n° 34 et 35.

[40] CE, *op. cit.*, La Documentation française 1997, EDCE n° 48, p. 76.

[41] CE Ass. gén. du 4 février 1988, avis n° 342.829 (CE, *Rapport public 1988*, La Documentation française 1989, EDCE n° 40, p. 291 spéc. p. 292, § 3 : « seule une situation tout à fait exceptionnelle pourrait être de nature à justifier que l'ensemble des habitants d'une ou plusieurs communes d'un département d'outre-mer soit exonéré de l'impôt sur le revenu »).

[42] CE, 24 octobre 1990, *Ministère des Postes, des Télécommunications et de l'Espace*, précité.

général de nature à légitimer l'institution de règles discriminatoires outre-mer.

II. L'Outre-mer : source de consécration d'inégalités

L'outre-mer présente la spécificité[43] d'être régie par des règles constitutionnelles qui encouragent les différences de traitement.

La Constitution de 1946 prévoyait déjà, dans son article 73, que « Le régime législatif des départements d'outre-mer est le même que celui des départements métropolitains, sauf exceptions déterminées par la loi ». Celle de 1958, dans sa rédaction initiale, prévoyait également dans son article 73, que « Le régime législatif et l'organisation administrative des départements d'outre-mer peuvent faire l'objet de mesures d'adaptation nécessitées par leur situation particulière ».

Par ailleurs, concernant cette fois les territoires d'outre-mer, la Constitution de 1946 prévoyait en son article 74 qu'ils étaient dotés d'un statut particulier « tenant compte de leurs intérêts propres ». Cette formule sera reprise à l'identique dans la rédaction initiale de l'article 74 de la Constitution de 1958, mais appliquée cette fois à leur « organisation particulière ».

Ces habilitations constitutionnelles ont servi de fondement à des dérogations législatives et réglementaires au principe d'égalité[44].

---

[43] CE, *op. cit.*, La Documentation française 1997, EDCE n° 48, p. 96.

[44] Les juges constitutionnels et administratifs veillant attentivement « à ce que, sous couvert de particularisme local, la rupture de l'égalité entre l'outre-mer et la métropole ou entre les citoyens d'outre-mer eux-mêmes, ne soit pas utilisée à des fins arbitraires » (CE, *op. cit.*, La Documentation française 1997, EDCE n° 48, p. 96, avec un renvoi, en note, à : CE Ass. 29 avril 1994, *Haut-Commissaire de la République*

Mais la Constitution est allée au-delà en consacrant de nouvelles ruptures d'égalité.

A. L'accord de Nouméa du 5 mai 1998

Le 5 mai 1998 a été signé à Nouméa, entre le Gouvernement de la République française et les principales formations politiques de Nouvelle-Calédonie, un « Accord sur la Nouvelle-Calédonie »[45]. Comme le prévoyait le point 6 de cet accord, une loi constitutionnelle a rétabli un titre XIII dans la Constitution, intitulé : « Dispositions transitoires relatives à la Nouvelle-Calédonie ». Ce titre comporte donc désormais deux nouveaux articles, 76 et 77, ce dernier ayant en quelque sorte "constitutionnalisé" l'accord de Nouméa, puisque dans sa décision n° 99-410 DC du 15 mars 1999[46], le Conseil constitutionnel a considéré « qu'il résulte… des dispositions du premier alinéa de l'article 77 de la Constitution que le contrôle du Conseil constitutionnel sur la loi organique doit s'exercer non seulement au regard de la Constitution, mais également au regard des orientations définies par l'accord de Nouméa »[47].

Cet accord et les articles 76 et 77 de la Constitution sont à l'origine d'inégalités relatives, notamment, au régime électoral. Ces inégalités ont fait l'objet de nombreux commentaires par la doctrine, parfois sous des titres dénués de toute ambiguïté, tel que : « La Constitution française contre les droits de l'Homme. Le

---

en Nouvelle-Calédonie, n° 119562 et CC, décis. n° 96-373 DC du 9 avril 1996, *Loi organique portant statut d'autonomie de la Polynésie française*).

[45] Accord sur la Nouvelle-Calédonie signé à Nouméa le 5 mai 1998, JORF du 27 mai 1998, p. 8039.

[46] CC, décis. n° 99-410 DC du 15 mars 1999, Loi organique relative à la Nouvelle-Calédonie.

[47] Consid. n° 3.

précédent de la restriction du suffrage en Nouvelle-Calédonie »[48], le Conseil constitutionnel considérant quant à lui, dans sa décision précitée de 1999, « que rien ne s'oppose… à ce que le pouvoir constituant introduise dans le texte de la Constitution des dispositions nouvelles qui… dérogent à des règles ou principes de valeur constitutionnelle, ces dérogations pouvant [même] n'être qu'implicites »[49].

Parmi ces inégalités, celles relatives à l'emploi méritent d'être présentées.

Dans son préambule, l'Accord de Nouméa stipule qu' « afin de tenir compte de l'étroitesse du marché du travail, des dispositions seront définies pour favoriser l'accès à l'emploi local des personnes durablement établies en Nouvelle-Calédonie » (point 5, alinéa 8). Par ailleurs, il est aussi prévu que la Nouvelle-Calédonie mettra en place « des mesures destinées à offrir des garanties particulières pour le droit à l'emploi » de ses habitants et que « pour les professions indépendantes le droit d'établissement pourra être restreint pour les personnes non établies en Nouvelle-Calédonie », tandis que « pour les salariés du secteur privé et pour la fonction publique territoriale, une réglementation locale sera définie pour privilégier l'accès à l'emploi des habitants » (point 3.1.1).

Se fondant sur ces dispositions constitutionnelles, le législateur organique a donc confié à la Nouvelle-Calédonie le soin de prendre, « au bénéfice des citoyens de la Nouvelle-Calédonie et des personnes qui justifient d'une durée suffisante de résidence », des mesures visant à

[48] O. Gohin, « La Constitution française contre les droits de l'Homme. Le précédent de la restriction du suffrage en Nouvelle-Calédonie », in *Mélanges en l'honneur de Pierre Pactet. L'esprit des institutions, l'équilibre des pouvoirs*, Dalloz 2003, p. 187.

[49] Consid. n° 3.

favoriser leur emploi[50]. Saisi de ces dispositions, le Conseil constitutionnel ne les a pas censurées. Il s'est simplement limité à indiquer « qu'il appartiendra aux "lois du pays"… de fixer… la "durée suffisante de résidence"… en se fondant sur des critères objectifs et rationnels en relation directe avec la promotion de l'emploi local, sans imposer de restrictions autres que celles strictement nécessaires à la mise en œuvre de l'accord de Nouméa »[51].

Bien qu'elles instaurent une réelle inégalité, le Conseil constitutionnel veille scrupuleusement (mais néanmoins logiquement) au respect de ces dispositions constitutionnelles.

Ainsi, dans une décision du 21 novembre 2014[52], il a en effet récemment censuré une "loi du pays" relative à l'accès à l'emploi dans la fonction publique de Nouvelle-Calédonie au motif qu'elle ne comportait aucune disposition favorisant les citoyens de la Nouvelle-Calédonie et les personnes justifiant d'une durée suffisante de résidence[53].

La révision constitutionnelle de 1998 peut apparaître comme une atteinte scandaleuse au droit de l'homme, spécialement en matière de droit de vote et de droit à

---

[50] Loi organique n° 99-209 du 19 mars 1999 relative à la Nouvelle-Calédonie, art. 24.

[51] CC, décis. n° 99-410 DC du 15 mars 1999, Loi organique relative à la Nouvelle-Calédonie, consid. n° 17. Position qui sera rappelée par la Haute juridiction dans sa décision n° 2009-587 DC du 30 juillet 2009 (précitée), dans laquelle elle refusera d'admettre que le bénéfice des mesures de priorité à l'emploi puisse être étendu aux conjoints, aux partenaires liés par un PACS ou aux concubins (consid. n° 18 et 19).

[52] CC, décis. n° 2014-4 LP du 21 novembre 2014, Loi du pays relative à l'accès à l'emploi titulaire des fonctions publiques de Nouvelle-Calédonie.

[53] Consid. n° 9.

l'emploi[54]. Elle peut aussi être considérée comme consacrant deux Constitutions en une seule[55], une Constitution française et une Constitution « *franco-néocalédonienne* »[56]. Mais ce qui est absolument certain, c'est que quand bien même elle serait « *le prix à payer* »[57] pour sauvegarder la paix civile, elle consacre des ruptures d'égalité tout à fait inhabituelles entre les citoyens de métropole et ceux de Nouvelle-Calédonie, mettant ainsi à mal l'affirmation selon laquelle « *il va de soi que tous les citoyens de métropole ou d'outre-mer, bénéficient des mêmes droits garantis par la Constitution* »[58].

Aussi regrettable que cela puisse l'être au plan des principes[59], ce mouvement va pourtant encore s'accentuer en 2003.

---

[54] O. Gohin, « La Constitution française contre les droits de l'Homme. Le précédent de la restriction du suffrage en Nouvelle-Calédonie », *op. cit.*, spéc. pp. 193-194 et 209-210.

[55] Venant ainsi étayer l'idée, pourtant difficilement admissible (M. Joyau, « Libres interrogations sur l'évolution de la France vers le fédéralisme », in Revue iranienne de droit constitutionnel 2008, n° 9, p. 7 à 17), de « souveraineté partagée ».

[56] D. Rousseau, « Chronique de jurisprudence constitutionnelle. 1998-1999 », in RDP 2000, p. 17, spéc. p. 23.

[57] J.-Y. Faberon, « Débats n° 5 », in *La souveraineté partagée en Nouvelle-Calédonie et en droit comparé*, La Documentation française 2000, p. 440.

[58] P. Pactet, *Institutions politiques. Droit constitutionnel*, A. Colin 2003, p. 342. V. aussi les développements que l'auteur consacre à la Nouvelle-Calédonie, pp. 347-348.

[59] « *Qui renoncerait à payer le prix nécessaire... pour que la paix continue ? Or le prix dont nous parlons me semble dérisoire : celui de l'entorse à des principes, certes bien connus dans les facultés de droit mais qui, en l'occurrence, sont singulièrement inadaptés aux réalités* » (J.-Y. Faberon, « Débats n° 5 », *op. cit.*, p. 440).

B. La révision constitutionnelle du 28 mars 2003

Jusqu'à la loi constitutionnelle du 28 mars 2003, l'organisation des collectivités territoriales d'outre-mer, à défaut d'être simple, pouvait être présentée de manière relativement aisée. La Constitution de 1958, comme d'ailleurs celle de 1946, distinguait les départements d'outre-mer (DOM) des territoires d'outre-mer (TOM). Les premiers relevaient de l'article 73 de la Constitution (et étaient soumis au principe d' "identité législative"), tandis que les seconds étaient régis par l'article 74 (et se voyaient appliquer le principe de "spécialité législative").

Outre le fait qu'elle a singulièrement complexifié le droit de l'outre-mer[60], pas seulement d'ailleurs du seul point de vue institutionnel[61], la révision de 2003 a introduit dans le texte constitutionnel une disposition relative aux collectivités d'outre-mer (COM), que l'on pourrait qualifier d' "inspiration néo-calédonienne", prévoyant que « La loi organique peut également déterminer, pour celles de ces collectivités qui sont dotées de l'autonomie[62], les conditions dans lesquelles : … - des mesures justifiées par les nécessités locales peuvent être prises par la collectivité en faveur de sa population, en matière d'accès à l'emploi, de droit d'établissement pour l'exercice d'une activité professionnelle ou de protection du patrimoine foncier ; … »[63].

---

[60] V. par exemple, parmi de nombreux écrits sur ce thème, A. Fitte-Duval, « Droit d'outre-mer. Les aléas d'une refondation pluraliste », in *Mélanges en l'honneur de Jean-Claude Douence. La profondeur du droit local*, Dalloz 2006, p. 197.

[61] M. Joyau, « L'exercice de compétences normatives par les collectivités territoriales d'Outre-mer », *op. cit.*, p. 81.

[62] Tel est le cas de la Polynésie française (art. 1er de la loi organique n° 2004-192 du 27 février 2004), de Saint-Barthélemy et de Saint-Martin (art. 4 et 5 de la loi organique n° 2007-223 du 21 février 2007 – respectivement art. LO 6211-1 et LO 6311-1 du CGCT).

[63] Art. 74, al. 2 de la Constitution.

Fort de ces dispositions, le législateur organique a prévu en 2004 pour la Polynésie française des dispositions permettant à cette COM de favoriser sa population en matière d'emploi[64], mais aussi de protection du patrimoine foncier[65]. Amené à se prononcer sur ces dispositions, le Conseil constitutionnel a commencé par affirmer que la population en faveur de laquelle de telles mesures peuvent être prises « ne peut être définie que comme regroupant les personnes justifiant d'une durée suffisante de résidence dans la collectivité d'outre-mer concernée »[66]. Puis, après avoir admis la légalité des dispositions envisagées en matière d'emploi, on sait qu'il a partiellement censuré celles qui l'étaient en matière de protection du patrimoine foncier[67].

En 2009, l'assemblée de la Polynésie française a donc adopté une "loi du pays" relative à la fonction publique de la Polynésie française réservant aux résidents de cette COM 95 % des postes à pourvoir par voie de concours externes dans tous les cadres d'emploi des catégories D et C et dans la plupart de ceux des catégories B et A[68]. Cette "loi du pays" sera déclarée illégale par le Conseil d'Etat au motif qu'il n'était pas avéré « que le choix de ce pourcentage et celui des cadres d'emplois auquel il s'applique auraient été opérés en fonction de critères

---

[64] Loi n° 2004-192 du 27 février 2004 portant statut d'autonomie de la Polynésie française, art. 18.

[65] Loi n° 2004-192 du 27 février 2004 portant statut d'autonomie de la Polynésie française, art. 19.

[66] Consid. n° 31.

[67] CC, décis. n° 2004-490 DC du 12 février 2004, Loi organique portant statut de la Polynésie française. V. *supra*, I, A.

[68] Loi du pays n° 2009-7 LP/APF du 19 mai 2009 portant mesures d'application, dans la fonction publique de la Polynésie française, des dispositions de l'article 18 de la loi organique n° 2004-192 du 27 février 2004 modifiée portant statut d'autonomie de la Polynésie française.

objectifs et rationnels fondés sur les caractéristiques de l'emploi local et les nécessités propres à sa promotion dans chacun des cadres d'emplois concernés »[69].

Le même jour, l'assemblée de la Polynésie française a également adopté une seconde "loi du pays" relative à la protection de l'emploi local dans le secteur privé[70]. Ce texte prévoit quant à lui, d'une part, que sont considérées comme justifiant d'une durée suffisante de résidence en Polynésie française les personnes justifiant d'une durée de résidence de cinq ans en Polynésie française ainsi que celles justifiant de deux ans de mariage, de concubinage ou de PACS avec les premières et, d'autre part, que la liste des activités professionnelles et secteurs d'activité du secteur privé qui font l'objet de mesures en faveur des résidents de Polynésie française est déterminée en fonction de la disponibilité suffisante d'une main-d'œuvre résidente sans emploi et de l'existence de filières de formations locales.

Le Conseil d'Etat annulera là encore cette "loi du pays", aux motifs que la fixation d'une durée unique de résidence (cinq ans), quel que soit l'activité ou le secteur d'activité professionnelle concerné, ne lui parait pas « justifiée par des éléments objectifs en relation directe avec les nécessités du soutien de l'emploi local... »[71] et que les critères retenus pour arrêter la liste considérée « ne tiennent pas compte de la difficulté d'accès des résidents à l'emploi, [et] ne sauraient être considérés, à eux seuls,

---

[69] CE, 25 novembre 2009, *Haut-commissaire de la République en Polynésie française*, n° 328776. V. sur cet arrêt : B. Poujade, « Lois du pays et discrimination positive », in Revue Juridique Polynésienne (RJP) 2010, p. 1.

[70] Loi du pays n° 2009-8 LP/APF du 19 mai 2009 relative à la protection de l'emploi local dans le secteur privé.

[71] « ... ces nécessités ne pouvant être regardées comme résultant de la seule situation globale de l'emploi dans le territoire ».

comme étant en relation directe avec les nécessités du soutien de l'emploi local »[72].

Même si le Conseil d'Etat veille donc attentivement à ce que ce dispositif inégalitaire ne soit pas mis en œuvre de manière abusive, il n'en demeure pas moins qu'il constitue un premier élargissement inquiétant de l' « exception néo-calédonienne »...

Conclusion

Le panorama ultra-marin en matière d'égalité entre les citoyens va donc de l'interdiction des discriminations jusqu'à la consécration constitutionnelle de ruptures d'égalité. Dans cette graduation, toutes les collectivités ultramarines ne sont pas dans la même situation. La Nouvelle-Calédonie est assurément celle qui accueille le plus d'inégalités. Puis viennent les COM « qui sont dotées de l'autonomie ». Puis, peut-être dans cet ordre[73], les COM (non dotées de l'autonomie) et enfin les DOM.

Les raisons d'une telle situation sont certainement à rechercher dans la volonté de prendre en compte la réalité et de concourir à l'égalité des chances.

Comme cela l'a été très justement écrit, « Le principe d'égalité est... menacé si la société dont il fonde l'ordre juridique voit s'étendre de nouvelles et graves inégalités. Or celles-ci ne touchent pas seulement aux revenus mais [aussi] aux liens fondamentaux qui relient chaque individu à la société, tels que le travail, le logement, l'éducation ou la culture. Lorsque ces liens sont fragilisés voire rompus,

---

[72] CE, 25 novembre 2009, *Société Polynésie intérim*, n° 329047. Sur les deux arrêts rendus par le Conseil d'Etat ce 25 novembre 2009, voir M. Verpeaux, « Préférence locale en matière d'emplois en Polynésie française et Constitution », in AJDA 2010, p. 623.

[73] M. Joyau, « L'exercice de compétences normatives par les collectivités territoriales d'Outre-mer », *op. cit.*, p. 81.

l'égalité des droits risque d'apparaître comme une pétition purement formelle. Dès lors, le principe d'égalité joue davantage sa crédibilité sur le terrain de l'égalité des chances »[74]. Autrement dit, l'égalité de droit peut « aller de pair avec l'inégalité de fait au point d'affaiblir la confiance des citoyens dans l'efficacité même du principe d'égalité. C'est pourquoi le principe d'égalité n'atteint réellement son but que s'il est aussi le vecteur de l'égalité des chances »[75]. Et cette égalité des chances peut passer par l'organisation de ruptures d'égalité des droits.

On comprend en effet fort bien qu'outre-mer, en raison de l'éloignement, des difficultés à trouver un emploi ou un logement, de la rareté du foncier, des menaces qu'un monde ouvert fait peser sur la diversité culturelle… il peut être nécessaire, pour garantir « l'égalité des chances », de procéder à des ruptures d'égalité des droits.

Reste que le principe d'égalité exprime et garantit l'égalité des droits et qu'il existe une « convergence… entre le thème de l'égalité des droits et celui de l'unité de la société »[76]. Or, admettre largement des ruptures d'égalité des droits entre citoyens en fonction d'une appartenance territoriale, en général mais tout spécialement outre-mer, présente un risque sérieux de "repli identitaire" et même, peut-être, de remise en cause du sentiment d'appartenance nationale.

En 1998, la mise en cause de l'égalité outre-mer ne concernait que la Nouvelle-Calédonie et elle n'était que « provisoire »[77]. Depuis 2003, cette double limite (géographique et temporelle) n'existe plus.

---

[74] CE, *op. cit.*, La Documentation française 1997, EDCE n° 48, p. 49.
[75] *Ibid.*, p. 113.
[76] *Ibid.*, p. 49.
[77] Le Titre XIII de la Constitution est en effet : « Dispositions transitoires relatives à la Nouvelle-Calédonie ».

Aussi, il est à craindre qu'en constitutionnalisant plus largement certaines ruptures d'égalité, le droit français ne se soit engagé dans un mouvement consistant à faire prévaloir, dans l'application du principe d'égalité, la solidarité géographique ultramarine. Or, et même si on peut y trouver des justifications, du point de vue de l'égalité, il reste choquant qu'une appartenance géographique puisse être un discriminant plus fort que celui de la citoyenneté.

L'apport discutable du concept de territorialisation à l'étude du principe d'égalité en droit des collectivités territoriales

Julien Martin
Professeur de droit public,
Co-directeur du master 2 Droit processuel, Université de La Rochelle

Dans son article fondateur de 1995, « *Vers une « territorialisation » du droit* », Yves Madiot avait posé les bases du concept de territorialisation[1]. Pour lui, la recherche d'une « territorialisation du droit » correspondrait à la « *prise en compte du territoire dans l'étendue et le contenu des règles de droit* », afin de permettre « *la naissance de compétences et de droits diversifiés, générés par les territoires* ». Ceci devrait donc aboutir à une « *remise en cause du principe de l'unité d'application du droit sur l'ensemble du territoire national* », et par conséquent à une « *remise en cause du principe d'égalité* ». D'emblée, le lien entre territorialisation et égalité était posé.

Par la suite, d'autres auteurs poursuivront la réflexion sur la territorialisation du droit[2], de l'action publique[3], ou

---

[1] Y. Madiot, « Vers une « territorialisation » du droit », RFDA 1995, p. 946.

[2] J.-B. Auby, « Réflexions sur la territorialisation du droit », in *La profondeur du droit local, Mélanges en l'honneur de Jean-Claude Douence*, Dalloz, 2004, p. 1. J.-M. Woehrling, « La territorialisation

des politiques publiques[4], ou bien encore sur la territorialisation en général[5]. Le concept semble issu des sciences sociales, et, sur le terrain de l'étude des collectivités territoriales, très directement emprunté à la science politique[6]. En matière juridique, comme dans le domaine de la science politique, s'agissant plus particulièrement de l'analyse des politiques publiques, la territorialisation est étudiée dans le contexte de l'organisation et du fonctionnement des institutions infra-étatiques[7].

Toutefois, les ouvrages généraux relatifs au droit des collectivités territoriales n'abordent que peu la notion même de territorialisation. Certains le font indirectement, à propos de l'étude de la jurisprudence constitutionnelle sur l'application uniforme des droits et libertés sur l'ensemble du territoire[8]. À cette occasion, ils relient très clairement la territorialisation au principe d'égalité[9]. Par ailleurs, certains travaux consacrés spécifiquement à la question de l'application du principe d'égalité aux collectivités territoriales, ou aux diversités territoriales,

---

du droit : quelle signification ? », in J.-M. Woehrling, *Du droit local à la territorialisation du droit : perspectives et limites,* Publications de l'Institut du droit local alsacien-mosellan, 2014, p 11.

3 J.-M. Pontier, « Territorialisation et déterritorialisation de l'action publique », AJDA 1997, p. 723.

4 J.-F. Brisson, « La territorialisation des politiques publiques. À propos de quelques malentendus… », RFFP 2015, n° 129, p. 3.

5 J. Moreau, « Esquisse d'une théorie juridique de la territorialisation », RDSS 2009, p. 16.

6 A.-C. Douillet, « Les élus ruraux face à la territorialisation de l'action publique », Revue française de science politique, 2003/4 (Vol. 53), p. 586.

7 J.-F. Brisson, *Op. cit.*, p. 3.

8 B. Faure, *Droit des collectivités territoriales*, Dalloz, coll. Précis, 3e éd., 2014, pp. 59 e t s..

9 J Ferstenbert, F. Priet, P. Quilichini, *Droit des collectivités territoriales*, Dalloz, coll. Hypercours, 2009, p. 86, n° 136.

traitent certes la question de la territorialisation[10], mais pas tous[11]. Ils évoquent pourtant à peu près les mêmes sujets que les études consacrées à la territorialisation. Toutefois, l'exemple est notable, aucun des deux n'aborde la question de la mise en œuvre d'un pouvoir législatif ou règlementaire par les collectivités territoriales à cette occasion. Ces questions sont bien étudiées, mais sous d'autres intitulés[12].

L'abondance d'études en la matière n'en facilite pourtant pas l'identification[13]. Il y a à peine plus d'un an, Jean-François Brisson faisait le constat qu'il n'y a pas de : « *définition juridiquement stabilisée de la territorialisation* »[14]. Pour Yves Madiot, la territorialisation du droit correspond à la « *prise en compte du territoire dans l'étendue et le contenu des règles de droit* », afin de le saisir en trois dimensions : personnelle, patrimoniale et territoriale. En première approche et sur le terrain de l'égalité, avec laquelle la territorialisation entretient une relation consubstantielle, il est possible de définir celle-ci comme la prise en compte du territoire comme critère de distinction pour fonder une différence de traitement juridique.

Surgit alors la question de savoir ce que le concept de « territorialisation » apporte à la compréhension du droit des collectivités territoriales, et à l'étude du principe d'égalité (**III**). En effet, il semble que l'on puisse

---

[10] A.-S. Gorge, *Le principe d'égalité entre les collectivités territoriales*, Dalloz, Bibliothèque parlementaire et constitutionnelle, 2010, spéc., pp. 333-340.

[11] F. Mélin-Soucramanien, « Les adaptations du principe d'égalité à la diversité des territoires », RFDA, 1997, p. 906.

[12] A.-S. Gorge, *Op. cit.*, pp. 367-382, évoquant « La différenciation statutaire ».

[13] A. Faure, « Territoires/Territorialisation », *Dictionnaire des Politiques Publiques*, Presses de Sciences Po, 2005, p. 430-436.

[14] J.-F. Brisson, *Op. cit.*, p. 3.

envisager les questions que l'on regroupe sous l'intitulé de territorialisation (règlementation du littoral et de la montagne, aménagement du territoire, différenciation organique, pouvoir règlementaire ou législatif locaux), sans recourir à ce concept. Mais avant même d'essayer de répondre à cette question, il faut identifier le contenu du concept de « territorialisation » (**I**), et le « territoire » sur lequel celui-ci s'appuie pour fonder une différence de règles applicables (**II**).

Quelle territorialisation ?

Le premier constat est qu'il ne semble pas y avoir une seule territorialisation, mais plusieurs. Après avoir promu la territorialisation du « droit », les juristes ont utilisé la territorialisation des « politiques publiques », issue des sciences sociales. Ces deux approches peuvent néanmoins se superposer pour aboutir à une typologie des manifestations de la territorialisation.

Les premières réflexions relatives à la territorialisation du droit sont à attribuer à Yves Madiot. Elles ont été poursuivies par Jean-Bernard Auby.

Pour Yves Madiot, le territoire est, « *par définition, le siège des activités et des compétences de plusieurs collectivités* » ; il n'est pas considéré « *par lui-même, comme un facteur déterminant du droit* », il n'est que le support indispensable de l'application des règles de droit, dont les facteurs déterminants sont de nature personnelle et patrimoniale. Toutefois, la territorialisation du droit peut être mise en œuvre de deux façons. Il s'appuie tout d'abord sur l'état du droit pour prendre en exemple certaines règlementations qui lui semblent bien illustrer la différenciation opérée entre les territoires, comme l'encadrement de l'urbanisation du littoral et de la montagne, l'aménagement du territoire, ou la politique de la ville. Puis il se fait le promoteur d'une « *clause d'adaptation territoriale* » autorisant une collectivité, dans les limites définies par la loi, à « *adapter* » ses compétences aux conditions particulières de son territoire. Il relevait alors que cette adaptation territoriale ne peut se passer de la reconnaissance explicite d'un pouvoir réglementaire local.

Dans le prolongement et sans définir la territorialisation du droit, Jean-Bernard Auby regroupe sous cet intitulé plusieurs phénomènes. Pour lui, la décentralisation est déjà une forme de territorialisation du droit en conférant des compétences aux collectivités territoriales, et en leur permettant de prendre des actes juridiques sur ce fondement, qui varieront d'un endroit à l'autre[15]. Comme précédemment, il y ajoute immédiatement la différenciation des règles par le pouvoir législatif ou règlementaire national, sous lesquelles il range indifféremment les différences institutionnelles, comme celles concernant l'Outre-mer, la Corse, ou bien encore Paris, Lyon et Marseille, et les différences de règles, qu'il illustre avec l'aménagement du territoire, le développement de l'outre-mer, la politique de la ville, ou les zones franches[16]. Il y inclut enfin, implicitement, la reconnaissance d'un pouvoir normatif au niveau local[17].

En parallèle, d'autres auteurs se sont intéressés à la territorialisation des politiques publiques.

Jacques Moreau est sans doute le premier, parmi la doctrine juridique, à s'intéresser à la territorialisation des « politiques publiques ». Il s'agit, pour lui, des « *politiques publiques qui prennent le territoire en lui-même pour cible, pour objet* ». Il s'inscrit ainsi explicitement en opposition avec la perspective retenue par Jean-Bernard

---

[15] J.-B. Auby, *Op. cit.*, p. 4.
[16] J.-B. Auby, *Op. cit.*, pp. 6-7.
[17] J.-B. Auby, *Op. cit.*, pp. 11-15.

Auby. Pour lui, la territorialisation du droit ne peut être ramenée à l'ensemble des ruptures de l'égalité normative à raison du territoire[18]. La déconcentration, la décentralisation et l'aménagement du territoire sont ainsi les trois politiques publiques susceptibles d'être fondées, à des degrés divers, sur la prise en compte du territoire.

Jean-François Brisson, quant à lui, définit la territorialisation des politiques publiques comme l'adaptation des politiques publiques aux spécificités des territoires ou comme la différenciation des politiques publiques en fonction des spécificités des territoires[19]. La territorialisation des politiques paraît devoir alors postuler des formes de discriminations positives au service du rattrapage des inégalités territoriales. Il l'illustre donc avec le système des « zones franches » fiscales et sociales, ou les zones d'éducation prioritaire.

Ces derniers exemples rejoignent ceux retenus par Yves Madiot au soutien d'une définition de la territorialisation du « droit », et suscitent des doutes sur la distinction de la territorialisation des politiques publiques et de celle du droit. Les politiques publiques qui prennent le territoire lui-même comme objet induisent de ce seul fait une différenciation des règles nationales applicables à ces différents territoires. Un détour par la science politique révèle ainsi que la territorialisation des politiques publiques se rapproche beaucoup de la territorialisation du droit.

Tous les travaux de science politique ne définissent pas la territorialisation. Ils regroupent toutefois sous cet intitulé deux constats qui rejoignent les précédents : l'un relatif au lieu de définition des problèmes publics et l'autre aux modalités de traitement de ces mêmes

---

[18] J. Moreau, *Op. cit.*, p. 17.
[19] J.-F. Brisson, *Op. cit.*, p. 3.

problèmes[20]. Premièrement, la territorialisation postulerait que les politiques publiques doivent être définies et mises en œuvre par des autorités locales. Deuxièmement, le territoire devient l'objet même de ces politiques comme dans la politique de la ville, par opposition aux politiques sectorielles (économie, éducation, culture...), ou aux politiques prenant un groupe de populations comme objet (handicapés, jeunes...)[21].

Se livrant à un « *essai de définition* » de la notion de territorialisation, Isabelle Muller-Quoy remarque que la territorialisation prend « diverses formes ». Elle distingue ainsi la territorialisation des services, celle de l'action publique en général, et celle du droit. Reprenant les définitions précédentes des deux dernières formes de territorialisation, elle définit la territorialisation des services comme : « *la répartition physique, la localisation géographique de réalisation du service public* ». Elle fait ainsi un lien très net entre la territorialisation des services et celle des politiques publiques : la territorialisation des services a pour objectif de rendre « *opérationnelle* », « *d'incarner* », la territorialisation des politiques. Il semblerait qu'à l'idée de territorialisation des services corresponde seulement l'existence d'implantation infra-étatiques de services, au niveau déconcentré ou décentralisé[22]. En revanche, elle n'évoque pas la différenciation institutionnelle à ce titre.

Bien que cette classification soit intéressante, il semble possible d'en proposer une autre. Dans ce cadre, la territorialisation est donc toujours bien une différenciation

[20] A.-C. Douillet, *Op. cit.*, p. 586.
[21] A.-C. Douillet, *Op. cit.*, p. 588.
[22] I. Muller-Quoy, « Les articulations entre territorialisation et proximité », in P.-Y. Chicot (dir.), *Décentralisation et proximité, Territorialisation et efficacité de l'action publique locale*, Dalloz, Thèmes & commentaires, 2013, p. 18-19.

fondée sur un critère territorial. Et cette différenciation a tout à la fois des sources et un contenu variables.

En ce qui concerne les sources, la législation et la règlementation nationales peuvent être un vecteur de territorialisation en distinguant les territoires. Ensuite, le territorialisation peut également consister à confier un pouvoir législatif ou règlementaire à une catégorie de collectivités territoriales. Les deux phénomènes peuvent exister indépendamment l'un de l'autre, même si l'habilitation à édicter des règles au niveau local résulte toujours d'un texte national dans un Etat unitaire.

Quant au contenu, il peut tout d'abord s'agir d'une différenciation institutionnelle, pour une catégorie de collectivités locales, à l'image du régime de Paris, Lyon et Marseille ou de celui des collectivités régionales d'outre-mer. Cette différenciation peut également concerner les règles applicables. Tous l'illustrent avec, les lois littoral et montagne, ou les zones franches urbaines.

On peut donc rencontrer une territorialisation du droit consistant à prévoir au niveau national des institutions ou des règles spécifiques à certains territoires, de même que le législateur ou le pouvoir règlementaire peuvent confier à des institutions infranationales le soin de fixer ces règles. L'évocation de ces entités infranationales oblige immédiatement à identifier lesdits territoires infra-nationaux.

Quels territoires ?

Le territoire à la base de la territorialisation peut être compris de deux façons, et son influence sur le droit applicable n'est que partielle.

Le plus souvent, les études sur la territorialisation s'appuient sur des phénomènes reposant sur les catégories de collectivités territoriales existantes. Toutefois, elles mettent parfois également en avant des territoires spécifiques à certaines politiques publiques.

Le plus souvent, la territorialisation s'appuie sur le cadre formé par les circonscriptions administratives et les collectivités territoriales existantes.

Pour l'essentiel, les circonscriptions retenues en matière de déconcentration correspondent aux catégories de collectivités territoriales. Certes, il existe des catégories intermédiaires, les établissements publics de coopération intercommunale, qui n'ont pas de niveau d'administration équivalent dans l'organisation de l'Etat. Inversement, il en va de même de l'arrondissement, au sein duquel intervient le sous-préfet. Mais même dans ces deux derniers cas, le cadre territorial de la territorialisation est dépendant de l'existence de catégories préexistantes. À cet égard, l'une des manifestations considérées précédemment comme emblématique de la territorialisation du droit, l'attribution d'un pouvoir règlementaire, est symptomatique, puisque ce pouvoir n'est attribué qu'à des catégories de personnes morales existantes. De même, seules des catégories de personnes morales, ou des entités particulières au sein de ces catégories, sont dotées d'un statut institutionnel particulier (Paris, Lyon, Marseille, ou l'outre-mer).

De ce fait, on peut en déduire que les « territoires » pris comme critère de mise en œuvre de la territorialisation correspondent pour l'essentiel aux « collectivités territoriales », ce qui n'est pas sans influence. En effet, la prise en compte des collectivités territoriales participera de l'effacement de la distinction et de la remise en cause de l'utilité de la territorialisation par rapport à la décentralisation. De plus, et le point sera approfondi à la fin de cette subdivision, cet élément territorial, associé à la présence d'une population et d'institutions, participe de la définition de la collectivité territoriale.

C'est ce qui laisse à penser que, pour être originale, la territorialisation oblige à s'extraire des cadres habituel de l'action publique que sont les collectivités territoriales.

Pour Yves Madiot, l'aménagement du territoire a particulièrement bien mis en évidence la nécessité d'un traitement spécifique à certaines zones du territoire national en difficultés (zones rurales, banlieues défavorisées...). Il en va de même des bassins hydrographiques dans lesquels sont institués les institutions chargées de la gestion de la ressource en eau. On peut y ajouter bien d'autres territoires. L'article L. 1434-16 du code de la santé publique prévoit que l'agence régionale de santé définit les « territoires de santé pertinents » pour les activités de santé publique, de soins et d'équipement des établissements de santé, de prise en charge et d'accompagnement médico-social ainsi que pour l'accès aux soins de premier recours, qui peuvent être infra-régionaux, régionaux ou interrégionaux. Ainsi, comme le rappelle Yves Madiot, le territoire n'est plus seulement le siège naturel la compétence de la collectivité, mais l'objet même du droit. Pour Isabelle Muller-Quoy, la territorialisation « *ne permet pas l'identification immédiate d'un territoire politique, administratif ou d'un lieu de sociabilité* » et dépasse par conséquent « *notre cadre de pensée traditionnel* »[23]. L'approche territoriale des problèmes publics s'accompagne alors d'une « *recomposition des territoires de l'action publique, au nom du « territoire pertinent » ou de « l'espace de projet »* »[24].

Jean-Marie Pontier y voit lui, en revanche, une « déterritorialisation » car le territoire n'est pas pris en compte en tant que tel. Pour lui, il s'agit plutôt d'une

[23] I. Muller-Quoy, *Op. cit.*, p. 18.
[24] A.-C. Douillet, *Op. cit.*, p. 588.

fonctionnalisation du territoire[25]. Il faut en déduire que l'identification d'un territoire spécifique à la mise en œuvre d'une politique publique n'est pas révélatrice d'une territorialisation, à la différence de la prise en compte du territoire de manière transversale, dans l'ensemble des politiques publiques. Dans ce cas, un même territoire exigera l'exercice conjoint et coordonné de leurs compétences par les collectivités dont la compétence s'exerce sur ledit territoire, lorsque les collectivités se superposent sur celui-ci. Ces territoires imposent alors un échange entre les différents acteurs concernés, notamment les différentes collectivités territoriales compétentes sur cette portion de territoire[26].

Le troisième point est que le territoire n'est pas le seul facteur de particularisme de la règle, ce qui relativise l'application du concept de territorialisation à certaines situations. Chacun à leur manière, plusieurs auteurs ont rappelé que le champ d'application d'une disposition n'est pas uniquement ou forcément déterminé par un élément de type territorial.

Dès le début de son article consacré à la territorialisation du droit, Yves Madiot souligne bien que le territoire est considéré comme une cadre d'exercice de libertés et de compétences, le support indispensable de l'application des règles de droit. Mais il n'est pas, par lui-même, un facteur déterminant du droit, l'application de certaines dispositions dépendant de l'existence et de la qualification donnée à certaines personnes ou à certains biens. Il n'exclut toutefois pas que l'identification d'un phénomène de territorialisation permette de prendre en compte d'autres facteurs, comme le territoire, en complément des précédents.

---

[25] J.-M. Pontier, « Territorialisation et déterritorialisation de l'action publique », AJDA 1997, p. 727.
[26] A.-C. Douillet, *Op. cit.*, p. 589.

Symétriquement, Jacques Moreau écarte deux exemples législatifs de régimes particuliers, insusceptibles d'illustrer des phénomènes de territorialisation. Le statut créé par la loi de 1982 pour Paris, Lyon et Marseille, ne serait pas fondé sur le territoire de ces trois villes, mais par leur poids démographique. L'originalité juridique de la Corse se justifierait, elle, par l'insularité, et par des raisons historiques, économiques ou sociologiques. D'une certaine façon, c'est aussi un argument au soutien de la démonstration de Jean-Marie Pontier lorsqu'il parle de déterritorialisation. Il l'illustre ainsi avec l'ancien schéma d'organisation sanitaire qui détermine la répartition géographique des installations, équipements et activités dans le but d'« *assurer une satisfaction optimale des besoins de la population* », selon l'ex-article L. 712-3 du Code de la santé, en dehors du cadre territorial des collectivités locales.

À ce stade, il apparaît donc qu'il existe deux acceptions possibles du territoire susceptible de servir de support à la territorialisation. Le territoire peut tout simplement correspondre à celui d'une collectivité territoriale, et, *in fine*, c'est la collectivité territoriale elle-même qui est le support de la territorialisation. Le territoire peut également être propre à chaque politique publique, sans forcément se superposer à celui d'une circonscription préexistante. Ceux qui s'opposent à cette interprétation contestent alors la « fonctionnalisation » du territoire, au détriment de sa territorialisation ; il faut en déduire que, pour eux, le territoire n'est pertinent que si une personne y exerce l'ensemble des compétences.

La prise en compte du territoire, en tant que tel, peut également être relativisée. Le territoire est en effet quasi nécessairement corrélé à des facteurs démographiques et socio-économiques ; il est d'ailleurs à cet égard notable de relever que ceux qui critiquent la prise en compte de ces facteurs extérieurs dans les territoires fonctionnels ne relèvent pas qu'il en va de même lorsque c'est la collectivité territoriale, faite d'un territoire mais également d'une population, qui est prise en compte.

La définition du territoire retenue interagit immédiatement sur la signification donnée à la territorialisation. En effet, s'il est concevable que la législation nationale identifie certaines zones distinctes des collectivités territoriales classiques, en les dotant des règles spécifiques, voire d'institutions propres, il semble qu'en l'état actuel des choses, seules les collectivités territoriales peuvent être titulaires d'un pouvoir normatif. Dans ce cas, c'est l'utilité même de la notion de territorialisation, par rapport à celle de décentralisation, qui peut être remise en cause.

Quelle utilité ?

La déconcentration et la décentralisation recèlent une part de territorialisation. La décentralisation semble également être le seul support de la territorialisation à certains égards. Mais la territorialisation ne paraît en réalité pouvoir exister qu'en dépassant la décentralisation.

La territorialisation des politiques publiques peut tout d'abord rester purement nationale, ce qu'illustre bien les lois littoral et montagne.

La territorialisation des services, correspondant à l'existence d'institutions au sein des différentes circonscriptions d'action de l'Etat, ou à la reconnaissance de collectivités territoriales, peut évidemment prendre corps dans une politique de déconcentration ou de décentralisation[27].

[27] P. Combeau, « Les nouveaux visages territoriaux de la déconcentration », RFDA 2010, p. 1011.

Pascal Combeau présente également la territorialisation comme un modèle intermédiaire entre la déconcentration et la décentralisation, en prenant l'exemple des agences régionales de santé[28]. Il écarte ainsi l'hypothèse d'une déconcentration en raison de l'existence d'une personne morale. Les agences se rapprocheraient de la décentralisation fonctionnelle, tout en s'en distinguant sur un point important, l'existence d'un ressort territorial à leur action.

La décentralisation semble être le réceptacle de la territorialisation du droit en ce qui concerne l'émission de normes à caractère général et impersonnel. Le consensus ne se fait en revanche pas sur l'émission d'actes individuels.

La décentralisation et la territorialisation sont indéniablement liées. Pour Yves Madiot, la décentralisation permet de prendre en compte la diversité des territoires et leurs spécificités historiques, culturelles et économiques, et « *postule* » une « *territorialisation* » des « *compétences* », qui est de nature à modifier sensiblement la perception et donc le traitement des problèmes locaux[29]. De même, Jean-Bernard Auby considère qu'il y a un « *certain degré de territorialisation du droit* » dans la décentralisation[30], que la décentralisation est un « *vecteur* » de territorialisation « *par construction juridique* »[31]. Il oppose en effet en cela les systèmes juridiques dans lesquels il n'existerait aucune différenciation territoriale, et où les règles appliquées seraient rigoureusement les mêmes sur l'ensemble du territoire. Pour Isabelle Muller-Quoy, la forme de territorialisation consistant à reconnaître un pouvoir

---

[28] P. Combeau, *Op. cit.*, p. 1011.
[29] Y. Madiot, *Op. cit.*, p. 946.
[30] J.-B. Auby, *Op. cit.*, p. 3.
[31] J.-B. Auby, *Op. cit.*, pp. 2-5.

normatif local, « *renvoie ici stricto sensu à la décentralisation* »[32].

En revanche, pour Jacques Moreau, la décentralisation des compétences en matière d'urbanisme ou de police municipale n'est pas un exemple de territorialisation du droit, mais du poids des circonstances locales dans la mise en œuvre des compétences de police. Son point de vue ne peut être suivi qu'à la condition de considérer que ce n'est pas le territoire qui est pris en compte mais également des aspects démographiques ou économiques, comme cela a déjà été évoqué.

Enfin, la territorialisation amène à aller plus loin que la décentralisation pour Jean-Bernard Auby. La territorialisation se situerait ainsi « *loin de l'Etat unitaire et sans atteindre l'Etat fédéral* »[33], ce qu'il est possible d'illustrer avec des formes plus autonomistes d'Etat : les régions belges, les communautés autonomes espagnoles, ou la dévolution au Royaume-Uni[34].

Il est donc possible d'articuler la territorialisation par rapport aux deux autres notions selon deux approches, que l'on peut se risquer à qualifier de verticale et d'horizontale.

Dans une perspective verticale, la territorialisation apparaît comme un stade dans l'étude de l'autonomie locale. Toutefois, même dans ce cadre, la place exacte de la territorialisation apparaît variable. Ainsi, la territorialisation apparaît tout à la fois comme un stade intermédiaire entre la déconcentration et la décentralisation, en réalisant une forme de décentralisation fonctionnelle à base territoriale de l'administration de l'Etat, et comme une phase intermédiaire entre la décentralisation et les différentes formes d'états unitaires

---

[32] I. Muller-Quoy, *Op. cit.*, p. 21.
[33] Y. Madiot, *Op. cit.*, p. 946.
[34] J.-B. Auby, *Op. cit.*, p ; 7.

autonomistes, en conférant un pouvoir normatif aux entités décentralisés. Difficulté supplémentaire, la territorialisation peut apparaître comme englobant les différentes formes précédentes, territorialisation au sens strict, mais également déconcentration et décentralisation.

Selon une approche horizontale, la territorialisation est un phénomène parallèle, distinct de l'étude de l'approfondissement de l'autonomie locale. Il s'agit alors d'une simple différenciation du régime juridique en fonction du territoire. Et la territorialisation peut également regrouper à la fois la présentation verticale et celle horizontale de la notion…

Pour récapituler, la territorialisation du droit peut être comprise comme la mise en place au niveau national d'institutions ou des règles spécifiques à certains territoires, de même que le législateur peut confier à des institutions infranationales le soin de fixer ces règles. Le territoire, quant à lui, peut recevoir deux acceptions : l'assimilation aux collectivités territoriales, ou l'identification d'un territoire pertinent à la mise en œuvre de chaque politique publique. La mise en relation de ces deux premières étapes du raisonnement avait ainsi fait apparaître que, en apparence, si la territorialisation du droit au niveau national peut s'affranchir du lien avec les collectivités territoriales, il n'en va pas de même lorsqu'un pouvoir normatif est remis aux autorités locales. Enfin, dans ses rapports avec les autres notions, la territorialisation peut apparaître tour à tour comme une phase intermédiaire entre la déconcentration et la décentralisation, ou comme une étape entre la décentralisation et certaines formes d'autonomie. Dans les deux cas, une nouvelle fois, les circonscriptions prises en compte sont celles assez classiques de la déconcentration et de la décentralisation. La territorialisation s'en distingue en revanche fortement lorsqu'elle désigne la différenciation des règles en fonction des territoires au niveau national. Et la territorialisation peut tout simplement englober l'ensemble de ces phénomènes.

Il existe donc plusieurs définitions de la territorialisation, et autant de désaccords. La source de la territorialisation, son objet, et même le territoire, ne sont pas toujours les mêmes. Bien évidemment, il ne s'agit pas de nier l'existence des phénomènes regroupés sous cet intitulé, et dont l'existence est incontestable. Mais les étudier sous un seul et unique intitulé ne contribue peut-être pas à une meilleure compréhension du système d'administration territoriale de la France. D'un point de vue microscopique, la question de l'utilité du concept de territorialisation mérite donc d'être posée. Il apparaît tout d'abord qu'il ne se distingue pas de la déconcentration ou de la décentralisation, même s'il peut désigner une forme particulière de décentralisation fonctionnelle ou un stade ultérieur de la décentralisation territoriale du point de vue normatif. Il ne semble pas non plus, ensuite, se différencier de la discrimination territoriale, au niveau national. Dans ce cadre, certes, l'originalité du concept est renforcée par le dépassement du cadre d'action classique des pouvoirs publics, en identifiant de nouvelles circonscriptions d'action. L'utilité de la notion au niveau macroscopique est encore plus contestable : qu'apporte-t-on à la connaissance en rapprochant la déconcentration, la décentralisation, certaines formes de décentralisation fonctionnelle et de décentralisation territoriale normative, ainsi que la différenciation normative en fonction du territoire ?

Julien Martin

Professeur de droit public, Université de La Rochelle

PROPOS « CONCLUSIFS »

La décentralisation : la liberté au détriment de l'égalité ?

Jacques Caillosse
CERSA/CNRS
Professeur émérite de l'Université Panthéon-Assas

L'uniformité, dans tous les objets de l'ordre public, est un lien de plus entre les hommes ; toute différence est une semence de discorde.

Condorcet, cité par N. Rouland,
Introduction historique au droit, p.560

L'égalitarisme français est une grande affaire. Mentalement et dans les pratiques, nous ne sommes jamais sortis ni de la Féodalité ni de la Révolution. On essaie de faire tenir ensemble ces deux morceaux.

P. Legendre, *Vues éparses*,
éd. Mille et une nuits, 2009, p.149

Le « genre » du présent texte ne relève pas nécessairement des catégories entre lesquelles se distribuent, la plupart du temps, les exercices baptisés « rapports de clôture » ou « rapports de synthèse ». Disons-le : la forme que reçoit ici l'achèvement de la journée d'études prend quelque liberté avec les codes. Il me faut rappeler que les organisateurs de la manifestation lui avaient donné une question pour conclusion : *la décentralisation : la liberté au détriment de l'égalité ?* Si les développements qui suivent reprennent les propos brièvement présentés le19 novembre, il m'a semblé nécessaire de revenir préalablement sur la thématique même du colloque, afin d'interroger les principaux concepts et catégories juridiques sollicités par les intervenants tout au long de la journée d'études. Pourquoi ce « retour » ? L'opération vise à présenter et clarifier[1] le matériel juridique dont l'usage s'impose (I) dès lors que l'on doit examiner les rapports que toute décentralisation entretient avec les notions de liberté et d'égalité (II)

Retour sur la thématique de la journée d'études

Sans nier d'aucune façon les subtilités, incertitudes, et autres malentendus juridiques que révèlent les usages théoriques et pratiques de la libre administration des collectivités territoriales[2], c'est aux seules notions de territoire et d'égalité que seront consacrées nos observations préalables. A ce choix, une simple mais bonne raison : la thématique même de la journée d'études faisait logiquement circuler la parole autour de ces deux

---

[1] Cette tentative de clarification vaut bien évidemment pour le seul auteur du présent rapport !

[2] L'abondance de la littérature produite sur le sujet interdit ici sa recension. V. toutefois, pour mesurer l'évolution de la notion depuis les débuts de la politique française de décentralisation, J. Moreau et G. Darcy (dir.), *La libre administration des collectivités locales. Réflexion sur la décentralisation,* Economica et PUA-M, 1984. V. aussi J. Caillosse, *Les libertés locales, bréviaire de quelle décentralisation ?*, dans N. Kada (dir.), *Les tabous de la décentralisation,* Berger-Levrault, col. « Au fil du débat », 2015, p.49-73.

répertoires. Comme cela vient d'être dit, les observations qui suivent n'ont aucune visée synthétique. Elles ne prétendent pas non plus relever d'une quelconque refondation les concepts de territoire et d 'égalité - même si le besoin d'un tel programme ne manque pas de se faire entendre derrière le discours doctrinal ! On s'en tiendra ici à un objectif beaucoup moins ambitieux : identifier les principales *variations* que les juristes développent lorsqu'il leur faut décrire les rapports que la décentralisation française entretient avec la liberté et l'égalité. De ce travail de repérage dépendent en effet les réponses possibles qu'appelle la question affichée dans le titre de l'exercice.

Variations sur le territoire[3]

1. *Le Territoire et les territoires.* La première chose à rappeler c'est que toute politique de décentralisation dévoile le territoire dans sa double nature. Elle pousse – avec une force plus ou moins contenue selon les périodes et les circonstances – les territoires qu'elle consacre et valorise en les instituant, à se construire et à se développer, en tirant parti de toutes les ressources qu'offre le magasin de la libre administration. Par la force des choses et du droit qui les encadre, la décentralisation ne se veut-elle pas incitation à la recherche d'une « gouvernance

---

[3] V. en complément de ces observations sommaires, J. Caillosse, *Les « mises en scène » juridiques de la décentralisation. Sur la question du territoire en droit public français*, LGDJ, col. « Droit et Société », 2009, p.79 et s. V. aussi G. Darcy, *Variations sur le concept de territoire*, dans *Les collectivités locales*, Mélanges en l'honneur de Jacques Moreau, Economica, 2003, p.71-81

territoriale »[4] toujours mieux adaptée aux singularités des découpages administratifs de l'espace ? Dans le même temps, cette politique développe d'autres exigences à l'égard de l'Etat : de ce dernier, elle attend qu'il continue d'affirmer, au dessus *des* territoires désormais décentralisés, *un* Territoire unique et unifié, en surplomb des précédents qu'il informe et traverse par ailleurs.

Les juristes sont plutôt bien placés pour n'en rien ignorer : aussi décentralisés soient-ils, les territoires jouissant de la libre administration ne continuent pas moins de participer d'une même unité territoriale qui est tout à la fois matérielle et symbolique et qui se lit fort bien dans le droit qui la constitue. La matérialité du territoire de l'Etat se découvre dans ses frontières intérieures autant qu'extérieures, autrement dit dans le maillage intégral de l'espace par les services de l'Etat. Le territoire ainsi configuré est de surcroît structuré par des institutions auxquelles des immeubles assurent une grande visibilité. Le fonctionnement de ces institutions localisées est assurée par des personnels spécifiques ; il suppose l'usage de fonds publics comme il implique la manœuvre de multiples codes publics. Quant à la dimension symbolique du territoire, elle ne cesse d'être présente dans le droit, à partir du moment où celui-ci a notamment pour fonction de faire advenir un territoire imaginaire. Cette proposition ne saurait surprendre : qu'il soit constitutionnel ou administratif le droit de l'Etat impose des *représentations* du Territoire qui en redoublent la matérialité. Il y a là une donnée politique majeure : le territoire « fonctionne » alors comme une grande « machine à fantasmes ». Il est l'objet d'un récit dont le droit contribue à assurer la reproduction. Rien n'interdit d'affirmer qu'il est une

---

4 V. sur cette question, R. Pasquier, V. Simoulin et J. Weisbein (dir.), *La gouvernance territoriale. Pratiques, discours et théories*, LGDJ, col. « Droit et Société », 2007

dimension à part entière de ce que l'on appelle volontiers le *roman national* français.

2. *De la différenciation territoriale*. Une seconde tentative de clarification concerne les usages, longtemps esquivés mais désormais banalisés, de la notion-métaphore de *différenciation territoriale*. Par delà la question des variations sémantiques qui sont loin d'être innocentes – d'aucuns parlent plutôt de différenciation statutaire, normative ou institutionnelle -, accordons-nous au moins sur le fait suivant : pour que notre droit public s'accommode des différenciations territoriales et les consacre[5], il a fallu que s'accomplisse une inversion du regard traditionnellement porté sur le rapport de l'Etat aux territoires. C'est depuis ces derniers qu'il se construit maintenant et non plus à partir du seul Centre. La portée de ce changement est considérable : au lieu d'être l'affaire exclusive (ou peu s'en faut) du Centre, la structuration du rapport Etat/territoires devient une entreprise partagée. Cette opération signale ce que l'Etat accepte dorénavant de concéder aux territoires pour assurer l'unité du Territoire. Il n'est certes pas douteux que l'Etat demeure en charge de penser cette dernière, mais dans l'exercice de cette fonction il ne peut certainement pas faire comme si les territoires étaient sa chose. Néanmoins, s'ils n'existent en tant que tels qu'à l'intérieur d'un cadre qu'ils ne sont pas habilités à définir seuls, cette contrainte juridique n'est en rien contradictoire avec le fait socio-politique que constitue leur affirmation spécifique de territoire. En parlant d'un nécessaire « consentement de l'Etat aux

---

[5] Pour une étude générale et approfondie de ces questions, cf. la thèse d'O. Bui-Xuan, *Le droit public français entre universalisme et différencialisme*, Economica, 2004.

réalités locales », J-B. Auby[6] donne de cette situation l' expression la plus adéquate.

3. *Différenciation et démocratie territoriales.* Avec la troisième série de variations qui me semblent s'imposer, on en vient à questionner les finalités d'une action publique vraiment *territorialisée*. Pour n'avoir pas été traité directement le 19 novembre, le sujet n'est pas moins sous-jacent aux travaux de la journée. Les politiques françaises de décentralisation ne valorisent pas la diversité pour elle-même, en prenant appui sur les exigences renouvelées de la Raison, comme on invoqua jadis cette dernière pour imposer l'uniformité territoriale. On ne cherche pas à introduire des formes différenciées dans le paysage administratif pour accomplir le programme d'une topographie idéale. Si l'on se résigne – car, tel est le mode sur lequel le sujet a fini par s'imposer – à une bien réelle différenciation territoriale, c'est dit-on[7] pour servir une plus grande démocratie territoriale. Il s'agit, par des modulations institutionnelles autant que normatives, réalisées sous contrôle du législateur et des juges, de rapprocher l'action publique de ses destinataires. Il s'agit donc de repenser la question de l'ordonnancement territorial de l'administration à partir des raisons d'être de l'action publique. Le problème n'est donc pas seulement d'aboutir aux ajustements qu'appellent les exigences de performance portées par l'Etat central dans les territoires décentralisés. Il appartient encore au premier d'*entendre* ces derniers, jusque dans leur diversité. L'Etat n'agit pas simplement sur une carte de géographie naturelle. Derrière la topographie administrative il y a des enjeux socio-politiques considérables. En s'accomplissant, la différen-

---

[6] V. J-B. Auby, *La décentralisation et le droit*, LGDJ, col. « Systèmes », 2006, p.132

[7] L'impersonnalité de la formule réfléchit en l'occurrence celle du « législateur »

ciation territoriale modifie la donne : elle conforte certains intérêts, en bouscule d'autres, elle modifie l'organisation spatiale des rapports sociaux, affecte certaines formes de domination et en fait advenir de nouvelles. Elle ébranle fatalement le système de distribution des ressources, financières et politiques, dont le Grand récit de l'Etat unitaire avait favorisé la constitution.

Variations sur l'égalité[8]

1. *Egalité juridique et égalité « réelle »*. Observons le d'emblée : lorsque l'on se propose d'étudier les relations que les collectivités territoriales entretiennent avec le principe d'égalité, ce qui est pris en considération, ce sont des personnes juridiques. Chacune de ces entités intervient sur un territoire déjà travaillé par la logique de l'égalité : celle-ci est donc un héritage avec lequel il leur faut compter. Il n'est pas inutile d'avoir cette réalité présente à l'esprit pour observer de quelle(s)manière(s) ces machineries juridiques que sont les collectivités territoriales pratiquent l'égalité entre elles, et comment elles se trouvent à leur tour saisies par ce même principe d'égalité. Nous voilà en présence de deux conceptions de l'égalité qu'on se gardera de confondre : l'une est horizontale et se pratique sur un même plan territorial, l'autre est verticale ; l'une est sollicitée d'en-bas, l'autre est organisée d'en-haut.

---

[8] La production doctrinale est ici encore débordante. Faute de pouvoir la citer toute, retenons à titre d'illustrations, F. Melin-Soucramanien, *L'adaptation du principe d'égalité à la diversité des territoires*, RFDA, 1997, p.906-925 ; M. Verpeaux, *Principe d'égalité et libre administration des collectivités territoriales*, dans J-B. Auby et B. Faure, *Les collectivités locales et le droit. Les mutations actuelles*, Dalloz, col. « Thèmes et commentaires », 2001, p.47-64 ; N. Kada, *L'acte 2 de la décentralisation et le principe d'égalité*, RDP n°5/2005

Mais ce n'est pas tout : si la question de l'égalité se dédouble dans le monde de la représentation juridique, on ne peut totalement l'isoler du champ, matériel s'il en est, où s'affirme l' (in)égalité entre territoires[9]. L'emploi de ce terme oblige à un changement de registre. Il n'est plus alors question de montages entre personnes juridiques, mais de réalités spatiales, impliquées dans les échanges économiques et dans l'action publique. L'égalité, ou son contraire, devient ici production territoriale. Non seulement l'ensemble des territoires est traversé par la même problématique générale de l'égalité – celle que les juristes traitent, par exemple, à travers la question de l'égalité d'accès au service public[10] -, mais l'exigence égalitaire va se décliner différemment sur chacun des territoires. Il faut ainsi gérer les conséquences matérielles et culturelles d'un mode de développement économique qui fabrique de l'inégalité territoriale, tandis que dans chacune des zones ainsi constituées, les plus riches comme les plus pauvres, la problématique de l'égalité trouve d'autres applications singulières.

2. *Egalité juridique et différences de situation.* Entre, d'une part, la géographie territoriale conditionnée par les phénomènes naturels, le fonctionnement de l'économie et la dynamique des rapports sociaux, et, d'autre part, la topographie dessinée par le droit et ses catégories, au nom de la raison, les tensions sont permanentes. S'il était dans le programme de l'Etat issu d'une révolution inspirée par les Lumières, d'agir par le droit pour faire advenir des

---

[9] C'est en ce sens qu' existe, ne l'oublions pas, un *Commissariat général à l'égalité des territoires* dont la création remonte au décret n°2014-394 du 31 mars 2014. Cet établissement public administratif placé sous la tutelle du Premier ministre est chargé de concevoir et de mettre en œuvre la politique nationale d'égalité des territoires

[10] V. B. Faure, *Droit des collectivités territoriales*, Précis Dalloz, 2ème éd., p.408 et s.

territoires régis par le principe d'égalité, à l'intérieur d'un Territoire unifié et unifiant, le système institutionnel imaginé pour porter cette représentation est condamné à des réagencements permanents. Aussi différents soient-ils d'une période à l'autre, ils obéissent à une même logique : il s'agit d'introduire de la diversité, de la différenciation, là où le droit fait prévaloir l'indivisibilité, l'unité et l'uniformité. Effacées conventionnellement par les abstractions juridiques, les réalités de la vie économique et des rapports sociaux ne manquent pas de se faire entendre. Comme le Conseil d'Etat l'a fort justement noté : « l'homme concret de l'espace économique ne doit pas être considéré comme l'homme abstrait du droit et de la citoyenneté »[11]. Parce que cet écart ne cesse de se reproduire, le principe d'égalité ne peut recevoir dans l'espace qu'une application souple. Telle est la raison même de ce que l'on peut appeler une théorie juridique des différences de situation.

Contentons-nous de rappeler ici que le mouvement juridique qui consiste à revenir sur une conception trop exclusivement abstraite de l'égalité territoriale est susceptible d'emprunter, pour le moins, deux voies distinctes[12]. Dans son Rapport public 1996 évoqué plus haut, le Conseil d'Etat les caractérise de la façon suivante : l'une consiste à donner une expression institutionnelle aux singularités locales. Cette transformation de la structure administrative est bien entendu susceptible de connaître de très importantes variations : depuis une profonde déconcentration jusqu'aux formes de décentralisation les plus audacieuses, travaillées par des visées fédéralistes. Avec l'autre voie, on préfère agir territorialement sur

[11] V. Conseil d'Etat, Rapport public 1996, *Sur le principe d'égalité*, Etudes et documents n°48, La doc. française, 1997, p.95

[12] En réalité, rien n'empêche que soient empruntées, en même temps, l'une et l'autre voie !

l'action publique, pour en traiter les effets pervers. Puisque l'égalité juridique entre les territoires est génératrice de réelles inégalités, on crée sous contrôle des inégalités juridiques destinés à préparer le retour à l'égalité réelle. On reconnaît ici, très grossièrement décrite, la logique des discriminations positives[13].

3. *Egalité des collectivités territoriales et égalité des administrés*. Cette troisième variation s'inscrit dans le jeu ouvert par la précédente. Elle trouve sa justification dans un constat maintes fois répété : il y a dans l'affirmation et la pratique du principe d'égalité des collectivités territoriales le risque constant d'une contradiction avec une autre expression classique de l'égalité, celle qui doit prévaloir entre administrés entendus comme destinataires de l'action publique territoriale[14]. Les exigences propres à la réalisation de cette égalité-là, sont de nature, on le sait, à justifier des interventions locales et/ou sectorielles de l'Etat, capables d'infléchir l'économie du principe d'égalité entre collectivités territoriales. Il en va alors de la cohésion nationale elle-même. Cette manière de raisonner a trouvé sa forme emblématique dans la décision tant commentée du Conseil constitutionnel, en date du 26 janvier 1995[15]. On en retiendra la motivation suivante : « le principe d'égalité ne fait pas obstacle à ce que le législateur édicte, par l'octroi d'avantages fiscaux, des

---

[13] Elles avaient trouvé une expression - elle n'a pas manqué de faire débat - dans la loi n°95-115 du 4 février 1995 *d'orientation pour l'aménagement et le développement du territoire*, JORF, 5 février 1995, p.1973 et s.

[14] V. à propos de cette notion d'*administré*, ma contribution au *Dictionnaire des Droits de l'Homme*, sous la dir. De J. Andriantsimbazoniva, H. Gaudin, J-P. Marguenaud, S. Rials et F. Sudre, PUF, col. « Quadrige », 2008, p.11-16

[15] V. notamment D. Rousseau, *Les principes de libre administration locale et d'égalité à l'épreuve de l'aménagement du territoire*, RFDA, 1995, p.876-883

mesures d'incitation au développement et à l'aménagement du territoire dans un but d'intérêt général ».

Quelques éléments de réponse à la question posée

La série de « variations » présentées ci-dessus n'avait d'autre but que de délimiter le champ de l'interrogation annoncée par le titre, afin d'en identifier les principaux enjeux. L'exercice aura permis – du moins, on l'espère – d'exposer certaines des fausses évidences dont est chargée la dialectique liberté/égalité appliquée au cas français de la décentralisation. Le terrain étant ainsi « déminé », il importe à présent de construire les éléments d'une réponse sur le sens du mouvement de réforme territoriale.

L'affaire n'est pas des plus simples, car chacune des contributions exposées le 19 novembre peut se lire comme une proposition de réponse à part entière à notre question, chacune sollicitant à sa manière propre et à partir d'un thème spécifique (le Sénat, les statuts, la péréquation financière, l'interdiction de toute tutelle d'une collectivité sur une autre, le pouvoir d'expérimentation, l'outre-mer), le même triptyque : décentralisation/liberté/égalité. Aussi attentive soit-elle, l'écoute de ces contributions laisse grand ouvert le jeu des *interprétations*. Celle qu'on va lire est informée, elle aussi, par des perceptions préalables : il en a été fait délibérément état dans la première partie de ce rapport. En l'occurrence, trois thèmes me semblent s'imposer. Ils font écho aux discours entendus lors de la journée d'études, et les prolongent. Trois thèses interdépendantes, même si la didactique impose de les développer séparément. En tout premier lieu vient cette idée que tout processus de décentralisation est *ambivalent*, a fortiori lorsqu'il concerne un Etat à forte tradition, à forte constitution unitaire. La deuxième thèse intéresse la dynamique dominante des politiques de décentralisation.

Ce mouvement est parfois contrarié, il est rarement linéaire et régulier ; il n'empêche, il est bel et bien orienté, et cette tendance marquante a un nom : *différenciation.* Quant à la troisième thèse, elle porte sur ce que la décentralisation représente parmi les forces constitutives de l'état réel du Territoire qu'elle « travaille ». L'expression territoriale de l'Etat n'est sûrement pas réductible à la décentralisation. Celle-ci doit composer avec d'autres forces qui, sans lui être pour cela contraires, favorisent un certain *nivellement* territorial.

Ambivalence

Comme on peut s'en douter, la question sur laquelle il m'a été demandé de réfléchir a toutes les chances de demeurer sans réponse. La remarque n'a rien de désabusé ou de cavalier : sans réponse, dans la mesure où il est ici concevable, avec les mêmes bonnes raisons, de se prononcer sur le mode positif et/ou sur le mode négatif ! Et ce n'est pas là façon de parler, pirouette ou jeu rhétorique. En regardant la décentralisation au travers des rapports qu'elle entretient tout à la fois avec la liberté et l'égalité des collectivités territoriales, on accède à son économie interne, c'est à dire aux mouvements mêmes qui la font « tenir ». Qu'il s'agisse de la notion proprement dite de décentralisation ou des pratiques territoriales qui, depuis le début des années 80, sont mises en œuvre en son nom.

Quel que soit le moment où l'on se place, entre 1982 et 2015, pour décrire l'état de la décentralisation - mais cela vaut encore pour son Etat -, on se trouve immanquablement à l'écoute de deux discours-types. Chacun d'entre eux prétend avec une égale force de conviction atteindre et dire le vrai de la décentralisation. Et, ces deux discours, encore que pour des raisons opposées, sont des discours d'insatisfaction, voire de déploration.

L'un s'arrête, non sans une certaine complaisance parfois, sur les tendances à la re-centralisation qu'aucune volonté décentralisatrice ne parviendrait en France à sérieusement contenir. Comme si le spectre de l'Etat revenant devait toujours gâcher les promesses de la décentralisation[16]. On se gardera bien de ne pas entendre ce discours et il serait pour le moins simpliste de le disqualifier d'emblée au motif qu'il serait (ou ne serait que) fantasmatique ! Le processus de décentralisation n'empêche pas l'Etat de demeurer au travail, sur le Territoire comme sur les territoires[17]. Le Centre ne se dépossède pas de ses ressources juridiques et politiques d'une façon linéaire et progressive, au fur et à mesure des réformes qu'il accomplit. Si l'on peut admettre – même s'il n'est pas interdit d'en douter – qu'à chacun de ses grands Actes constitutifs, la décentralisation avance et tend ainsi à se rapprocher de son concept, il lui faut compter à chaque période avec des mesures, qu'elles soient juridiques, administratives ou financières, qui contrarient son mouvement. Autrement dit, dans cette

---

[16] Le sujet gagne à une plus ample réflexion. Je fais ici renvoi à : J. Caillosse, *Une question récurrente : le »retour de l'Etat » dans les réformes de décentralisation*, dans P. Chrétien, N. Ferreira et L. Janicot (dir.), *L'Etat dans ses relations avec les collectivités territoriales*, éd. Lextenso, col. « LEJEP », 2011, p.55-68 ; v. aussi le dossier que consacre la revue Pouvoirs locaux, n°33/1997, au thème : *Le spectre de la recentralisation*, et, dans la même revue, n°86/2010, la rubrique intitulée *La recentralisation de la gestion publique territoriale en marche*

[17] V. dans le n° spécial *Décentralisation, bilan et perspectives* de l'AJDA d'avril 1982, les contributions de P. Bernard, *Un Etat déconcentré dans une nation décentralisée*, p.39-44, et de J-P. Costa, *Redéfinitions des structures et des fonctions étatiques*, p.45-49. V. aussi, J-J. Gleizal (dir), *Le retour des préfets ?*, PU Grenoble, 1995

problématique, la libre administration des territoires reste sous la menace constante d'un Etat incurablement unificateur et égalitariste.

L'autre discours s'attache, au contraire, à mettre en garde contre des initiatives qui auraient pour visée la déconstruction de l'unité territoriale de l'Etat. Remontons un peu dans le temps pour revenir aux débats parlementaires des années 1981/1982. Voyage édifiant : on y découvre une opposition rejetant un programme de décentralisation considéré comme attentatoire, en tant que tel, à la conception constitutionnelle française du Territoire de la République ! Voilà qui peut sans doute être autrement énoncé : l'histoire de la décentralisation française, telle que l'élaboration de ses textes constitutifs nous la fait entendre, est porteuse d'une sorte de *sous-récit* plus ou moins explicite. Ici, c'est un autre spectre qui hante les territoires : le *fédéralisme*[18]. La menace vaudrait alors pour l'Etat en tant qu'expression institutionnelle de l'unité territoriale et promoteur de l'égalité entre les collectivités locales. A bien y regarder, chacune des étapes les plus marquantes de la réforme est soumise à pareil décryptage : on y voit s'exposer la même inquiétude récurrente d'un fédéralisme à venir[19].

Ces deux récits semblent devoir se livrer à une sorte de *compétition*. D'autant que tous deux trouvent, répétons-le,

---

[18] V. J. Robert, *L'intégrité du territoire*, Le Monde 16 février 1982, et, F. Luchaire, *Pas de fédéralisme*, Le Monde, 28 février-1er mars 1982

[19] V. en particulier, M. Bourjol, La réforme de l'administration territoriale. Commentaire de la loi d'orientation du 6 février 1992, ce texte est publié sous le titre « Pour ne pas conclure », en clôture du n° special précité *Décentralisation, bilan et perspectives* de l' AJDA ; P. Dollat, *Le principe d'indivisibilité et la loi constitutionnelle relative à l'organisation décentralisée de la République française : de l'Etat unitaire à l'Etat uni ?*, RFDA, 2003, p.670-677. V. encore Pouvoirs locaux, n°31/1996, *La France et ses nations.* Sur ce même thème, v. par ailleurs l'article bien connu de T. Michalon, *La République française, une fédération qui s'ignore ?*, RDP, 1982, p.623-688

dans le cours même de la décentralisation - dans son expression juridique, comme dans son expérience institutionnelle - d'incontestables justifications. Or, cette compétition ne peut que se poursuivre, car elle est constitutive de la décentralisation, c'est à dire d'une forme de gestion des affaires locales qui entretient justement la concurrence entre les deux discours-types.

Différenciation

Faut-il voir dans cette continuité le signe que, pas plus que le droit, la réalité n'aurait changé ? Les territoires seraient-ils voués à demeurer figés dans une identité immuable ? Certainement pas. Le Territoire n'a cessé de se transformer, du fait même des mouvements à l'œuvre dans l'ensemble des territoires. Si invariance il y a, elle est du côté de la structure inhérente à la dialectique liberté/égalité indissociable de toute politique de décentralisation. Derrière la compétition répétée des discours évoqués plus haut, il y a les transformations majeures du « local ». Entre 1982 et 2015, la libre administration des collectivités territoriales a connu une véritable mutation et l'état des territoires s'en est trouvé bouleversé. A l'intérieur du système complexe qui se nourrit des tensions entre principes de liberté et d'égalité, les équilibres n'ont pas fini de bouger : c'est que le réglage politique de ces tensions est soumis à d'incessantes modifications.

Parce qu'elle est devenue une valeur réellement partagée – après avoir longtemps divisé -, la décentralisation génère sa propre dynamique. Et ce mouvement ne manque pas de faire tomber bien des tabous[20]. Ce mouvement, c'est celui que les juristes désignent sous la

[20] V. sur ce thème, outre l'ouvrage précité dirigé par N. Kada, la livraison n° 83/2010de la revue *Pouvoirs locaux*

rubrique d'une *territorialisation* du droit[21], réactivée à chaque redéploiement de la décentralisation. Les tabous tiennent quant à eux à une topographie de l'administration considérée il n'y a pas si longtemps comme une sorte d'héritage ou, pour parler comme P. Legendre, de « trésor »[22] institutionnel intouchable. Le fait est que cet héritage, ou que ce trésor, est aujourd'hui en pleine redistribution. Ce phénomène a maintenant un nom que l'on peut prononcer sans devoir le chuchoter : la *différenciation.*

Autour de la territorialisation du droit et de la différenciation territoriale, et par delà les ambiguïtés dont ces deux phénomènes restent chargés[23], une nouvelle rhétorique s'est imposée qui ne relève plus simplement du registre spéculatif, puisqu'elle a fini par pénétrer la langue des juristes. La banalisation juridique de ces deux expressions[24] constitue, à sa manière, un petit événement :

---

[21] La question est désormais en bonne place sur les agendas doctrinaux, depuis l'article précurseur d'Y. Madiot, *Vers une territorialisation du droit ?*, RFDA, 1995, p.947-960. Cf. notamment J-M. Woehrling (dir.), *Du droit local à la territorialisation du droit. Perspectives et limites*, publication de l'Institut du droit local alsacien-mosellan, 2014. V. aussi le n° 98/2013 de Pouvoirs locaux, *La territorialisation du droit*

[22] V. P. Legendre, *Trésor historique de l'Etat en France. L'Administration classique*, Fayard, 1992

[23] V. supra les brèves observations relatives à la notion de différenciation. Sur les ambiguïtés de la territorialisation, cf. J. Moreau, *Esquisse d'une théorie juridique de la décentralisation*, RDSS, n° hors série, 2009, p.16-27

[24] On notera que ces deux notions n'ont pas fait leur apparition ensemble et au même moment dans le débat des idées. Si l'on s'en tient à la production des juristes, la première commence à y circuler dès les années 90. La seconde n'y apparaît que plus tardivement, dans le cours des discussions provoquées autour du moment dénommé « Acte » 2 de la décentralisation. Il n'y a rien d'innocent dans cette chronologie qui, à elle seule, mériterait analyse

avec elle prévalent dans le droit de nouvelles manières de *regarder* le territoire. Pour le dire d'un mot, en imposant leur diversité institutionnelle et normative, la poussée des territoires décentralisés a singulièrement ébranlé les anciennes représentations du droit public national, celles-là mêmes – unité, uniformité et égalité - qui depuis la révolution des Lumières soutenaient et informaient le Territoire[25].

Nivellement

Peut-on s'en tenir à ce constat (dont on imagine sans mal qu'il peut tout à la fois séduire les uns et consterner les autres) d'une différenciation institutionnelle qui serait finalement assumée par les producteurs du droit comme par les acteurs de la décentralisation ? Ce serait oublier que l'expérience juridique du territoire n'est pas seulement déterminée par cette politique-là. Certes, de tous les mouvements qui affectent l'identité du territoire depuis une quarantaine d'années (son organisation, ses modes de fonctionnement et de contrôle), la décentralisation est sans doute le plus marquant. Pour le juriste que ces sujets retiennent, c'est presque une évidence : la question territoriale se doit d'être pensée depuis ce grand théâtre qu'est la décentralisation ! Avouons-le : la doctrine des juristes n'a pas peu contribué à imposer cette lecture de l'histoire contemporaine du territoire, en la subordonnant à une représentation en « Actes » des politiques de décentralisation.

La légitimité de ce *point de vue* n'est nullement en cause. Il est en revanche beaucoup plus problématique d'occuper

---

[25] En ce sens, v. F. Crouzatier-Durand et P-Y. Chicot, *Le modèle étatique français : unité jacobine ou diversité fédérale ?*, dans N. Kada, *Les tabous de la décentralisation*, op. cit., p.155-172

cette position comme si elle était la seule concevable, ou presque. Car il en existe d'autres, que les juristes ne semblent guère disposés à investir, et qui donnent à voir le(s) territoire(s) aux prises avec d'autres forces. Si la décentralisation – parce que tel est son principe – agit dans le sens d'une plus grande différenciation, elle n'empêche pas certains mouvements inverses qui contribuent à une certaine uniformisation, voire à un certain nivellement des territoires. La topographie administrative porte les marques de toutes les tensions que génèrent ces forces contraires. Appliquée aux territoires l'action publique est aussi porteuse d'uniformité à trois titres au moins. Seul le premier d'entre eux semble avoir mérité toute l'attention de la doctrine. Il s'agit de la tendance à l'homogénéisation qu'induit l'*écriture juridique* de la décentralisation. « Tenue » d'en haut par la Constitution et par la loi, elle suppose l'usage récurrent de modèles et de représentations d'autant plus prégnants qu'ils sont eux-mêmes aujourd'hui de plus en plus informés par les modes de pensée économiques propres au droit de l'Union européenne. Si sur cet aspect de la question, il existe une abondante littérature doctrinale, sur les deux autres les juristes demeurent curieusement beaucoup plus en retrait.

L'état du territoire, venons-nous d'affirmer, n'est nullement étranger à l'écriture juridique qui s'en saisit, dès lors que l'espace enregistre matériellement ses inscriptions. Et ces opérations produisent d'incontestables effets unifiants. Que dire alors des politiques de déconcentration et de la réorientation obligée de l'action publique autour des préceptes du *New public management ?* La déconcentration, c'est encore ce par quoi l'Etat façonne tout le territoire à travers les siens propres[26].

[26] V. sur les derniers développements de cette politique, les articles de B. Nicolaieff, dans Pouvoirs locaux, n°105 (*La nouvelle charte de la déconcentration, une audace contrariée*) et n°106/2015 (*Parce que l'ambiguïté n'est pas un projet!*)

L'organisation de ce maillage institutionnel n'est pas totalement indifférente à la structuration territoriale de la décentralisation : celle-ci continue d'être envisagée compte tenu des principes selon lesquels l'Etat pense sa propre reproduction dans les territoires. De cette combinaison, le droit applicable à l'action publique régionale tel qu'il est fixé par la loi NOTRe du 7 août 2015 fournit une nouvelle illustration édifiante[27]. On sait que dans le cadre du renforcement voulu de leurs compétences en matière de développement économique, les nouvelles régions élaborent divers schémas. Mais ces schémas délibérés par les assemblées régionales ne sont pas moins *arrêtés* par les préfets[28]. Pareil système décisionnel n'est pas sans rappeler ce que Charles Eisenmann s'efforça jadis de théoriser, à travers son concept de « semi-décentralisation »[29], bien avant la refondation des politiques de décentralisation à partir du début des années 80.

Reste à évoquer d'un mot ce que la réforme territoriale tout entière doit aux nouveaux codes managériaux de la

---

[27] Loi n°2015-991du 7 août 2015 *portant nouvelle organisation territoriale de la République*, JORF, 8 août 2015

[28] Ainsi, à propos du schéma régional de développement économique, d'innovation et d'internationalisation, le nouvel art. L.4251-16 du CGCT dispose que ce document « et le cas échéant le document d'orientations stratégiques (…) sont approuvés par arrêté du représentant de l'Etat dans la région », il fait valoir par ailleurs que « s'il n'approuve pas le schéma, le représentant de l'Etat le notifie au conseil régional par une décision motivée, qui précise les modifications à apporter au schéma. Le conseil régional dispose d'un délai de trois mois à compter de la notification pour prendre en compte les modifications demandées »

[29] V. C. Eisenmann, *Problèmes d'organisation de l'administration*, cours de l'année 1966-1967, dans *Cours de droit administratif*, LGDJ, tome 1, p.157-300

gestion publique[30]. L'état des lieux crées par la réforme territoriale ne se découvre pas seulement à l'examen de la nouvelle topographie administrative. Ou pour le dire autrement, le territoire n'est pas réductible aux cartes qui le décrivent. Si ces dernières nous en révèlent en quelque sorte la dimension la plus spectaculaire, elles ne nous disent rien – car telle n'est pas leur fonction - sur la manière dont le territoire est aujourd'hui façonné par la *standardisation* managériale. Ce phénomène ne vient pas effacer la diversité qu'introduit la décentralisation dans le pilotage de l'action publique ; il vient cependant rappeler que la notion juridique de territoire ne peut être pensée dans l'ignorance de territoires de gestion standardisés, car tous également tributaires des mêmes commandements, qu'ils viennent de la LOLF, de la RGPP ou de la MAP[31].

*

Au terme de ce bref rapport, trois enseignements généraux me semblent dominer la réflexion sur le sujet « imposé » :

1. En tant que telles, les politiques de décentralisation, toutes les politiques de décentralisation, questionnent les perceptions collectives de l'égalité et, disons le mot, de la *justice* qui prévalent dans la société, à un moment de son histoire. Parce qu'elle transforme l'organisation et les contrôles des relations entre centres et périphéries, qu'elle bouscule les rapports entre collectivités territoriales, la

---

[30] V. Ph. Bezès et P. Le Lidec, *L'hybridation du modèle territorial français. La réorganisation territoriale de l'Etat et la Révision générale des politiques publiques*, Revue française d'administration publique, n°4/2010, p.881-904

[31] V. D. Lapostolle, *Ingénierie territoriale et contrôle bureaucratique du développement territorial*, Pouvoirs locaux, n086/2010, p.25-32, et, F. Bottini, *L'impact du New public management sur la réforme territoriale*, RFDA, 2015, p.717-725

dynamique de la décentralisation dérange de vieux équilibres, qu'ils soient matériels – des institutions, des positions de pouvoir, des intérêts socio-économiques, etc.. - ou symboliques – des façons de voir et de penser, des croyances, des représentations multiples et variées. Le constat s'impose jusque dans sa banalité : entre 1982 et 2015, la mesure des différences territoriales jugées tolérables dans la société française a changé d'échelle. N'est-il pas dans le principe même de la décentralisation d'obliger à reconnaître parmi les différences territoriales celles qui « méritent » d'être institutionnalisées ? Pour soutenir cette altérité vertueuse, un raisonnement simple s'est imposé auquel notre droit public n'a pas manqué de donner sa propre traduction : la collectivité tout entière - lisez ici : l'intérêt général - doit tirer profit de ces différences consacrées.

2. Peut-être comprend-on mieux alors tout ce qui, dans un pays comme le France, rend aussi sensible politiquement, et aussi difficile matériellement, la conduite du processus de décentralisation. Elle oblige à revenir, jusqu'à mettre en doute sa validité, sur notre Grand Récit national. L'histoire qu'il nous raconte informe tout notre droit politique dans sa double dimension constitutionnelle et administrative : la réalisation de l'égalité – autrement dit l'accomplissement de la justice – n'est concevable qu'à l'intérieur d'un cadre étatique unitaire où la territorialisation de l'action publique obéit elle-même à un principe d'uniformité. C'est bien autour de cette trilogie classique : unité, égalité, uniformité qu'a prospéré le Récit national, alors que l'analyse concrète des situations territoriales – de multiples études le confirment – réfléchit une tout autre réalité : prenant nombre d'appuis dans la diversité, la dynamique de la décentralisation n'en finit pas de produire à son tour de nouvelles différences et de nouvelles inégalités.

3. Trente trois ans après les premières lois Defferre, la réforme du système d'administration territoriale ne peut qu'alimenter la réflexion sur ce qu'il en est aujourd'hui de la *cohésion sociale*, d'autant que les politiques décentralisées sont condamnées, comme les autres, à composer avec les réalités de ce qu'il est convenu d'appeler « la Crise ». Quels que soient les jugements portés sur ses effets, la décentralisation a redessiné – et continue de le faire - la figure de l'Etat dans ses rapports avec le(s) territoire(s) et la société tout entière. C'est depuis cette forme recomposée et toujours mouvante que sont relancés les vieux questionnements sur l'égalité et la justice.

Hédé-Bazouges, le 28 11 2015

QUESTIONS JURIDIQUES
AUX ÉDITIONS L'HARMATTAN

Dernières parutions

CONCILIATION ET MÉDIATION DEVANT LA JURIDICTION ADMINISTRATIVE
Actes du colloque du Conseil d'État du 17 juin 2015
Sous la direction de Jacques Biancarelli et Béatrice Blohorn-Brenneur
Voici près de 25 ans que le Conseil d'État, confronté à une judiciarisation croissante de la société, réfléchit aux modes alternatifs de règlement des différends afin de les pacifier et de rendre les justiciables davantage confiants en la justice administrative. Après avoir rappelé le contexte juridique et les enjeux d'une telle impulsion, un bilan comparatif des pratiques du juge administratif et du juge judiciaire a permis de mesurer combien il est nécessaire et urgent de compléter la boîte à outils dont dispose le premier. Voici une réflexion, les références et les outils nécessaires à la juridiction administrative.
(Coédition GEMME, 24.00 euros, 246 p.)
ISBN : 978-2-343-07270-8, ISBN EBOOK : 978-2-336-39774-0

L'ERREUR JUDICIAIRE
Apprendre à douter pour lutter contre les erreurs judiciaires
Sous la direction de Xavier Pin
L'erreur judiciaire hante autant qu'elle jalonne l'histoire de notre justice pénale. Nous avons tous en mémoire de retentissants procès ayant vu des individus accusés ou condamnés, avant d'être disculpés, graciés ou réhabilités. Le législateur y est sensible au point de réformer régulièrement la procédure pénale pour tenter d'éviter, de corriger ou de réparer, autant que possible, de telles erreurs. Une loi du 20 juin 2014 réforme les procédures de révision et de réexamen des condamnations pénales définitives : elle est l'occasion d'essayer de comprendre ces fiascos judiciaires.
(Coll. Droit privé et sciences criminelles, 15.00 euros, 126 p.)
ISBN : 978-2-343-07284-5, ISBN EBOOK : 978-2-336-39807-5

LE DROIT CONSTITUTIONNEL DE LA Ve RÉPUBLIQUE
(Treizième édition)
Lascombe Michel, Toulemonde Gilles
Cet ouvrage s'adresse aux étudiants en droit, aux élèves des instituts d'études politiques et aux candidats aux concours administratifs. Il couvre l'essentiel

du programme de droit constitutionnel, c'est-à-dire aussi bien les constitutions françaises depuis 1789 que l'actuel texte constitutionnel. Cette nouvelle édition tient compte des derniers développements induits par les changements politiques, des dernières réformes des règlements des assemblées et de la jurisprudence la plus récente.
(Coll. Logiques Juridiques, 42.00 euros, 506 p.)
ISBN : 978-2-343-07916-5, ISBN EBOOK : 978-2-336-39877-8

LA PROXIMITÉ EN DROIT INTERNATIONAL PRIVÉ DE LA FAMILLE
Bouyahia Sabrine Maya - Préface de Lotfi Chedly et Marie Goré
Parmi les méthodes proposées pour trancher les litiges présentant un élément d'extranéité, figure celle reposant sur le principe de proximité. L'étude porte sur deux systèmes de droit international privé de la famille différents (droit français et droit tunisien) pour mettre en exergue d'une part l'adaptation de cette méthode aux spécificités de chaque ordre étatique et d'autre part son adéquation avec tous les différents systèmes de droit.
(Coll. Logiques Juridiques, 54.00 euros, 618 p.)
ISBN : 978-2-343-05464-3, ISBN EBOOK : 978-2-336-39866-2

QUARTIER-FEMMES ÉCROU 10970
Boh-Petit Dominique
Cellule 24 : une femme dit toute sa souffrance d'être enfermée. Elle a tué. Son histoire est à la rubrique des faits divers. La Cour d'assises la jugera. Bien des années plus tard, elle est libérée. La vie doit reprendre. Ce récit est parfaitement conforme à la réalité. Tout a existé et existe encore.
(Coll. La justice au quotidien, 15.00 euros, 130 p.)
ISBN : 978-2-343-07436-8, ISBN EBOOK : 978-2-336-39812-9

GABELOUS ET CONTREBANDIERS
Histoire des fermiers généraux de Dijon (1760-1780)
Evrard Sébastien - Préface de Marc Fradet
En exhumant un registre du personnel de la direction des fermes de Dijon, l'auteur retrace, entre 1760 et 1780, la vie méconnue de centaines d'agents au service du doit et de l'impôt. Ces derniers servaient un système protecteur (la retraite fait son apparition dès 1768), parfois très rémunérateur, mais qui s'avère aussi, sous certains aspects, une machine à broyer les hommes : le régime des sanctions que met en place la Ferme est d'une efficacité redoutable. En définitive, la Ferme présente un aspect mitigé.
(Coll. Mémoires des Douanes, 28.50 euros, 278 p.)
ISBN : 978-2-343-06683-7, ISBN EBOOK : 978-2-336-39845-7

DICTIONNAIRE OHADA
(3e édition)
Bitsamana Hilarion Alain
Ce dictionnaire spécial du droit des affaires OHADA propose une définition claire et précise, avec tous les compléments nécessaires, des principaux termes utilisés tous les jours se rapportant à l'OHADA. Un ouvrage de référence

permettant de décoder l'OHADA, accessible à toute personne s'intéressant au monde des affaires en Afrique comme à l'étranger.
(39.00 euros, 398 p.)
ISBN : 978-2-343-07656-0, ISBN EBOOK : 978-2-336-39786-3

LA DÉJUDICIARISATION ET LES PROCÉDURES NON CONTENTIEUSES EN AFRIQUE
Amboulou Hygin Didace
La déjudiciarisation comprend l'ensemble des mécanismes de gestion des différends en rationalisant les moyens matériels et humains de la justice, afin de pallier les déficiences du système judiciaire et de limiter les surcharges des juridictions. Les institutions de nombreux pays sont analysées et les déjudiciarisations en droit public et en droit privé sont abordées.
(Coll. Études africaines, 17.50 euros, 156 p.)
ISBN : 978-2-343-06928-9, ISBN EBOOK : 978-2-336-39805-1

COMMENT RENFORCER L'INDÉPENDANCE DE LA MAGISTRATURE AU SÉNÉGAL ?
Ngom Babacar
Préface de Amadou Mahtar Mbow
L'ouvrage présente dans une première partie les garanties légales d'indépendance de la justice, notamment la règle de la séparation des pouvoirs, le principe de la soumission des juges à l'autorité de la loi et celui de l'inamovibilité du magistrat du siège. Après une analyse critique de ces dispositions, l'auteur formule des propositions de renforcement de l'indépendance de la magistrature.
(13.50 euros, 124 p.)
ISBN : 978-2-343-05158-1, ISBN EBOOK : 978-2-336-39837-2

LE DROIT PÉNAL DES AFFAIRES AU CAMEROUN
Djila Kouayi Kemajou Rose
Préface de Victor-Emmanuel Bokalli
Dans le domaine des affaires, la liberté d'entreprendre et d'investir comporte de nombreux risques, au rang desquels le risque pénal. La délinquance en col blanc n'étant plus réservée aux grandes sociétés commerciales, les moyens de lutte et de sécurisation des investisseurs nécessitent un droit pénal des affaires dont l'objectif est la recherche d'une éthique dans ce domaine.
(Coll. Études africaines, 35.50 euros, 350 p.)
ISBN : 978-2-343-07840-3, ISBN EBOOK : 978-2-336-39777-1

50 ANS DE MARIAGE
Réflexions d'un notaire sur l'évolution du couple ces cinquante dernières années
Dauptain Pierre
De la pilule contraceptive jusqu'au mariage pour tous, l'auteur nous propose une réflexion sur les lois qui ont accompagné l'évolution du couple au cours des cinquante dernières années. Il analyse cette évolution pour aborder les problématiques juridiques et morales qui font tant débat de nos jours. Il s'appuie sur des travaux de juristes ou de sociologues, des articles de presse, mais aussi sur

les chansons et les films qui ont marqué ces années et qui témoignent de façon si éclairante des changements de mentalités.
(Éditions Pepper, 16.50 euros, 148 p.)
ISBN : 978-2-343-07677-5, ISBN EBOOK : 978-2-336-39690-3

MÉTHODOLOGIE ET ASPECTS FORMELS DE LA RECHERCHE
Petit manuel à l'usage des juristes
Marain Gaëtan
L'ouvrage propose un véritable apprentissage du formalisme qui doit permettre aux étudiants et aux professionnels confrontés à la rédaction d'une thèse ou d'un mémoire juridique d'aborder ce travail avec sérénité. L'auteur donne une méthode de recherche pour définir le sujet, trouver et compulser les références utiles, échafauder un plan. Il aborde également les thèmes des citations d'auteur, notes de bas de page, mise en page. Il traite enfin du travail de relecture et de l'épreuve de soutenance.
(19.00 euros, 178 p.)
ISBN : 978-2-343-07638-6, ISBN EBOOK : 978-2-336-39556-2

RISQUES, ACCIDENTS ET CATASTROPHES
Liber amicorum
En l'honneur de Madame le professeur Marie-France Steinlé-Feuerbach
Sous la direction Hervé Arbousset, Caroline Lacroix et Benoît Steinmetz
L'étude et l'analyse des risques sont au cœur des réflexions du Professeur Steinlé-Feuerbach. Ses nombreux écrits de doctrine sur la thématique des accidents et des catastrophes ont amené à ce que ses collègues et amis lui dédient cet ouvrage. Ces mélanges donnent une vue d'ensemble d'une matière devenue une véritable discipline transcendant le clivage droit public-droit privé.
(Coll. Sciences criminelles, 34.00 euros, 334 p.)
ISBN : 978-2-343-07169-5, ISBN EBOOK : 978-2-336-39677-4

ÉTAT, COLLECTIVITÉS TERRITORIALES ET DROITS SOCIAUX
Étude du droit comparé
Sous la direction d'Olivier Lecucq
Comment, selon leur organisation territoriale respective, La France, l'Espagne et l'Italie œuvrent à la satisfaction des droits sociaux. Quels sont les rôles de l'État en ce domaine ? Quelles sont les actions qui en découlent et comment se coordonnent-elles ? Quelles en sont les implications en termes d'égalité des citoyens et des territoires ? L'ouvrage tente de répondre à ces questions en interpellant la réalisation de l'État social dans un contexte de crise, de réduction des déficits et de maîtrise des dépenses.
(Coll. Bibliothèques de droit, 22.50 euros, 221 p.)
ISBN : 978-2-343-07585-3, ISBN EBOOK : 978-2-336-39683-5

L'HARMATTAN ITALIA
Via Degli Artisti 15; 10124 Torino
harmattan.italia@gmail.com

L'HARMATTAN HONGRIE
Könyvesbolt ; Kossuth L. u. 14-16
1053 Budapest

L'HARMATTAN KINSHASA
185, avenue Nyangwe
Commune de Lingwala
Kinshasa, R.D. Congo
(00243) 998697603 ou (00243) 999229662

L'HARMATTAN CONGO
67, av. E. P. Lumumba
Bât. – Congo Pharmacie (Bib. Nat.)
BP2874 Brazzaville
harmattan.congo@yahoo.fr

L'HARMATTAN GUINÉE
Almamya Rue KA 028, en face
du restaurant Le Cèdre
OKB agency BP 3470 Conakry
(00224) 657 20 85 08 / 664 28 91 96
harmattanguinee@yahoo.fr

L'HARMATTAN MALI
Rue 73, Porte 536, Niamakoro,
Cité Unicef, Bamako
Tél. 00 (223) 20205724 / +(223) 76378082
poudiougopaul@yahoo.fr
pp.harmattan@gmail.com

L'HARMATTAN CAMEROUN
BP 11486
Face à la SNI, immeuble Don Bosco
Yaoundé
(00237) 99 76 61 66
harmattancam@yahoo.fr

L'HARMATTAN CÔTE D'IVOIRE
Résidence Karl / cité des arts
Abidjan-Cocody 03 BP 1588 Abidjan 03
(00225) 05 77 87 31
etien_nda@yahoo.fr

L'HARMATTAN BURKINA
Penou Achille Some
Ouagadougou
(+226) 70 26 88 27

L'HARMATTAN SÉNÉGAL
10 VDN en face Mermoz, après le pont de Fann
BP 45034 Dakar Fann
33 825 98 58 / 33 860 9858
senharmattan@gmail.com / senlibraire@gmail.com
www.harmattansenegal.com

L'HARMATTAN BÉNIN
ISOR-BENIN
01 BP 359 COTONOU-RP
Quartier Gbèdjromèdé,
Rue Agbélenco, Lot 1247 I
Tél : 00 229 21 32 53 79
christian_dablaka123@yahoo.fr

Achevé d'imprimer par Corlet Numérique - 14110 Condé-sur-Noireau
N° d'Imprimeur : 131999 - Dépôt légal : septembre 2016 - *Imprimé en France*

www.ingramcontent.com/pod-product-compliance
Lightning Source LLC
LaVergne TN
LVHW011014061026
849535LV00006B/1868
* 9 7 8 2 3 4 3 0 9 6 8 9 6 *